SPSS를 활용한 중급 통계분석

백창환

KNOWLEDGE COMMUNITY 공동체

머리말

조사 통계 패키지 SPSS(Statistical Package for the Social Sciences)는 광범위한 테이터 입력, 관리 및 조사분석을 목적으로 만들어진 프로그램으로서 사회과학 분야의 자료분석에 가장 많이 사용되는 패키지이다.

이 책은 연구방법론이나 사회과학 방법론을 공부하는 학부생이나 대학원생들의 통계분석의 기초를 만들어 주고, 통계를 활용하는 방법을 다양하게 적용하도록 할 것이다.

대부분의 독자들은 이 책을 통하여 통계를 배움으로써 연구 결과와 평가 보고서를 더 잘 이해할 수 있고, 보고서에 제시된 증거들을 그들의 실천을 위한 잠재적인 지침으로 채택할 수 있을 것이다.

모든 학습은 암기가 아니라 이해를 하여야 한다. 그러나 조사 통계 패키지인 한글 SPSS 29.0을 이용한 테이터 분석은 이해도 아니고 암기도 아닌, 정확하고 쉬운 실습에 초점을 맞추어야 한다. 즉, 이 책에서 제시하는 프로세스를 따라하기만 하면 쉽게 SPSS을 이용한 데이터 분석을 할 수 있다.

독자들이 앞서 발간된 초급 통계분석을 통해 입문한 조사분석의 이해도를 바탕으로 이 책을 통해서는 다양한 조사분석을 활용할 수 있을 것이다.

일러두기

SPSS 체험판 무료 다운로드 방법
(https://www.ibm.com/kr-ko/spss)

손쉽게 사용할 수 있는 SPSS 통계 프로그램

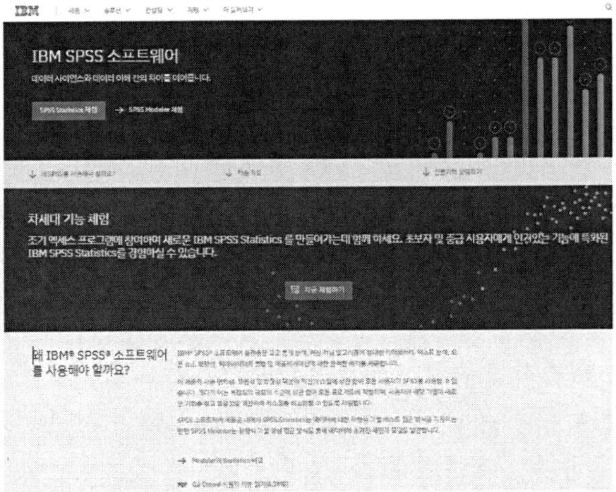

조사 내용을 분석하는 통계 프로그램에는 여러 가지가 있습니다. SPSS, SAS, MINITABS, EXCELL, QUATTRO 등 이 그것입니다. 여기에서는 사회과학 분야에서 주로 사용하는 SPSS(Statistical Package for Social Science)에 대해서만 간단하게 소개할까 합니다.

SPSS는 원래 메인프레임 컴퓨터용으로 개발되었습니다. 1958년 미국 시카고 대학의 국민 여론연구소(National Opinion Research Center)에 근무하던 당시 정치학 박사 과정의 노만 나이가 동료 훌과 벤트 등의 도움을 받아 SPSS의 기본 시스템을 개발하였습니다. 그 후 SPSS는 미국 내 대학과 연구기관을 중심으로 빠르게 보급되었습니다. 최근까지 SPSS의 기능은 해마다 버전 업이 되어, 최근에는 SPSS 29.0까지 나와 있습니다.

이 책에서는 한글 SPSS 29.0 체험판을 기준으로 설명하려고 합니다.

SPSS 프로그램을 다운 받으려면...

지속적인 시장조사가 필요한 회사의 마케팅 담당자나 정당 실무자 및 정치활동을 하는 분들이라면 SPSS 정품 프로그램을 구입하시는 게 좋습니다. 당장은 가격이 부담스러울지 몰라도 여론조사 기관에 의뢰하는 것보다는 회사에서 직접 실시하시는 것이 훨씬 더 경제적일 수 있을 테니까요.

비싼 가격으로 인해 구입이 부담스러우신 대학생과 대학원생들은 다음과 같은 방법으로 해결하는 것도 괜찮을 듯싶습니다.

우선 학교 전산실로 달려가 보세요. 웬만한 대학교에서는 기관 라이센스용으로 SPSS 프로그램을 구입해 놓고 있습니다. 만약에 학교 전산실에 이 프로그램이 없다면 네이버 검색엔진을 사용하여 체험판 IBM SPSS 프로그램(https://www.ibm.com/kr-ko/spss)이 있는지 확인해 보세요. 체험판이라 사용기간이 30일로 제한되는 것은 당연하겠지요?

일러두기

예제 데이터와 설문지 다운로드 방법

먼저 이 책을 읽기 전에 한국복지패널(https://www.koweps.re.kr) 회원가입 후 '데이터&설문지' 자료실에서 8차 웨이버 〈데이터〉와 〈설문지〉를 다운 받으시기 바랍니다. 〈데이터〉와 〈설문지〉는 책의 주요 실전 예제로 사용되오니 빠짐없이 다운 받으시기 바랍니다. 설문지와 데이터에 문의 사항이 있으시면 이메일(백창환 교수/airbonebaek@hanmail.net)로 문의 바랍니다.

	파일 이름
1	Koweps_wc08_2013_beta10.sav
2	(유형5) 8차조사표-복지인식부가조사용

조사연구 설문지

다음 설문지는 2013년 **한국복지 패널조사 부가조사(유형5)**에 사용된 설문지 원본입니다.

여러분들이 인터넷에서 다운 받은 'Koweps_wc08_2013_beta10.sav' 파일은 다음 설문지로 설문 조사한 결과를 SPSS 데이터로 처리한 것입니다. 일단 여러분이 설문에 응한다고 생각하고 처음부터 끝까지 읽어보시기 바랍니다. 그래야 분석할 때 어떤 설문이었는지 감을 잡게 되니까요. 다음 설문지가 없는 분은 빨리 인터넷에서 다운을 받아 인쇄해서 보시기 바랍니다.

승인번호
제 33109 호

이 조사표에 기재된 내용은 통계법 제33조에 의하여 비밀이 보장됩니다
작성기관: 한국보건사회연구원 서울대사회복지연구소

KIHASA

2013년 한국복지패널조사 부가조사(유형5)

안녕하십니까?

한국보건사회연구원과 서울대학교 사회복지연구소는 국무총리실과 보건복지부의 의뢰를 받아 한국복지패널조사를 실시하고 있습니다. 본 조사는 급격히 변화하는 사회환경 속에서 계층별, 연령별 인구집단의 생활실태와 사회복지 욕구를 역동적으로 파악하여 각종 복지정책 수립시 활용할 기초자료를 마련하는데 그 목적이 있습니다.

본 조사는 통계법 제25조에 의거하여 실시·관리되고 조사표에 기입되는 모든 응답내용은 통계법 제33조 및 제34조에 의거 통계목적에만 사용되고 그 비밀은 반드시 보장됩니다. 귀댁의 응답은 정부의 올바른 정책수립에 귀중한 기초자료로 이용되오니 시간을 내어 협조해 주시면 대단히 감사하겠습니다.

2013년 1월

〈 문의 및 연락처 〉
한국보건사회연구원 (☎ 02-357-6258, 02-358-9782, 02-380-8273, 8352, 8324)
서울대학교 사회복지연구소 (☎ 02-880-6320)

※ 가구용의 숫자를 그대로 이기					해 당 가 구 원			
가구패널 ID	가구 생성차수	가구분리 일련번호	가구원 진입 차수	개인패널ID [인포시트상의 개인패널ID]	성명	가구원 번호	전화 번호	
							휴대폰	

대리 응답 여부	① 예 ② 아니오	☞ 사유 (번호기재)		※ 대리응답 사유코드	⓪ 비해당(직접응답) ① 해외거주(기러기부모) ② 여행 및 출장 ③ 병원입소 ④ 가출 ⑤ 별거(가정불화) ⑥ 감옥수감 ⑦ 군대 혹은 전투경찰 ⑧ 사회복지시설 장기요양 ⑨ 지적장애, 자폐성장애 3급 ⑩ 기타	가구주성명	
						대리응답자	
						성명	가구원번호

주소지	행정코드		_____시·도 _____구·시·군 _____동·읍·면
※비동거가구원은 거주하는 현주소를 기재함	상세주소	_____통·리 _____번지 _____호 (_____아파트 _____동 _____층 _____호) ☎ ( ) _____ - _____	

조사표완료 소요시간	총 _____분	총방문횟수	총 _____회	
1차방문	___월 ___일 ___시 ___분	방문결과	① 완료 ② 미완	☞ 사유(번호기재):
2차방문	___월 ___일 ___시 ___분	방문결과	① 완료 ② 미완	☞ 사유(번호기재):
3차방문	___월 ___일 ___시 ___분	방문결과	① 완료 ② 미완	☞ 사유(번호기재):
4차방문	___월 ___일 ___시 ___분	방문결과	① 완료 ② 미완	☞ 사유(번호기재):
최종방문	___월 ___일 ___시 ___분	방문결과	① 완료 ② 미완	☞ 사유(번호기재):

※미완사유코드
⓪ 비해당(완료)
① 늦은 귀가
② 장기출타
③ 부재중(원인미파악)
④ 일부문항 미완
⑤ 조사거부
⑥ 뇌병변장애
⑦ 지적장애, 자폐성장애 1,2급
⑧ 사망
⑨ 기타

조사원 이름		지도원 확인	① 완료 ② 미완	☞ 사유(번호기재):	지도원	(인)

I. 전반적인 사회적 · 정치적 인식과 태도

다음은 우리 사회의 사회계층과 소득분배와 관련된 질문들입니다.

문 1) 귀하는 오늘날의 한국 사회가 어떤 종류의 사회라고 생각하십니까? 다음 중에서 어떤 그림이 현재의 한국 사회에 가장 근접하다고 생각하십니까? (※ 가로축이 사람 수, 세로축이 계층을 의미합니다.) □

① ② ③ ④ ⑤

① 부자가 약간 있고 가난한 사람이 대부분이고 중간층이 거의 없는 사회
② 부자가 극소수이고 하층으로 갈수록 사람이 많아져 가난한 사람이 많은 사회
③ 가난한 사람이 중간층보다 적고, 부자가 극소수인 사회
④ 중간층이 대다수이고 부자와 가난한 사람이 극소수인 사회
⑤ 부자가 많고 하층으로 갈수록 인구가 줄어 가난한 사람이 극소수인 사회

문 2) 귀하는 아래의 그림 중에서 한국 사회가 어떠한 사회로 되어야 한다고 생각하십니까? (※ 가로축이 사람 수, 세로축이 계층을 의미합니다.) □

① ② ③ ④ ⑤

① 부자가 약간 있고 가난한 사람이 대부분이고 중간층이 거의 없는 사회
② 부자가 극소수이고 하층으로 갈수록 사람이 많아져 가난한 사람이 많은 사회
③ 가난한 사람이 중간층보다 적고, 부자가 극소수인 사회
④ 중간층이 대다수이고 부자와 가난한 사람이 극소수인 사회
⑤ 부자가 많고 하층으로 갈수록 인구가 줄어 가난한 사람이 극소수인 사회

문 3) 우리나라는 소득이나 재산에 있어서 얼마나 평등하다고 생각하십니까? □

①——②——③——④——⑤—

① 매우 평등하다 ⑦ 매우 불평등하다

문 4) 귀하는 다음 각각의 의견에 대해 얼마나 동의하십니까? 혹은 그렇지 않습니까? (※ ㉮~㉱ 항목별로 각각 작성해 주십시오.)

항목	매우 동의한다	동의한다	동의도 반대도 하지 않는다	반대한다	매우 반대한다	선택할 수 없음
㉮ 우리나라는 소득격차가 너무 크다.	①	②	③	④	⑤	⑥
㉯ 고소득자와 저소득자 사이의 소득격차를 줄이는 것은 정부의 책임이다.	①	②	③	④	⑤	⑥
㉰ 정부는 실업자에게 적절한 수준의 삶을 제공해야 한다.	①	②	③	④	⑤	⑥
㉱ 정부는 빈곤한 사람들에게 주는 혜택을 줄여야 한다.	①	②	③	④	⑤	⑥

일러두기

문 5) 귀하는 다음 각각의 항목들이 우리사회의 빈곤 원인에서 얼마나 중요하다고 생각하십니까?
(※ ㉮~㉶ 항목별로 각각 작성해 주십시오.)

항목	매우 중요함	약간 중요함	별로 중요하지 않음	전혀 중요하지 않음
㉮ 개인적인 절약과 적절한 가계(돈)관리 부족	①	②	③	④
㉯ 개인적인 동기와 스스로의 노력 부족	①	②	③	④
㉰ 개인적인 능력(타고난 재능)의 부족	①	②	③	④
㉱ 개인적인 책임감 및 자기규율의 부족(음주, 도박 등)	①	②	③	④
㉲ 개인적인 질환(질병)과 신체적 장애	①	②	③	④
㉳ 개인적인 학력수준의 미흡	①	②	③	④
㉴ 기업과 산업에서의 낮은 임금	①	②	③	④
㉵ 충분한 교육기회 제공의 부족	①	②	③	④
㉶ 좋은 일자리 공급의 미흡	①	②	③	④
㉷ 빈곤층 및 일부 집단에 대한 편견과 차별	①	②	③	④
㉸ 개인적인 불행과 불운(불우한 가족배경 등)	①	②	③	④

다음은 정부의 역할에 대한 평가의견을 묻는 질문입니다.

문 6) 다음에 열거된 각 영역의 정부지출이 늘기를 바라는지 혹은 줄어들기를 바라는지 말씀해 주십시오.
(단, '훨씬 더 많이' 지출이 늘어나는 경우 이를 위해 세금을 더 거둬야 한다는 것을 염두에 두시길 바랍니다.)
(※ ㉮~㉻ 항목별로 각각 작성해 주십시오.)

항목	훨씬 더 많이 지출	좀 더 지출	현재 수준으로 지출	조금 덜 지출	훨씬 덜 지출	선택할 수 없음
㉮ 환경	①	②	③	④	⑤	⑥
㉯ 건강보험 및 보건	①	②	③	④	⑤	⑥
㉰ 국민연금(노령연금)	①	②	③	④	⑤	⑥
㉱ 교육	①	②	③	④	⑤	⑥
㉲ 주거지원	①	②	③	④	⑤	⑥
㉳ 국방	①	②	③	④	⑤	⑥
㉴ 치안 및 사회질서 유지	①	②	③	④	⑤	⑥
㉵ 빈곤층 생활지원	①	②	③	④	⑤	⑥
㉶ 노인 생활지원	①	②	③	④	⑤	⑥
㉷ 장애인 생활지원	①	②	③	④	⑤	⑥
㉸ 아이를 키우는 가족지원	①	②	③	④	⑤	⑥
㉹ 실업대책 및 고용보험(실업급여)	①	②	③	④	⑤	⑥
㉺ 문화와 예술	①	②	③	④	⑤	⑥
㉻ 정부행정업무	①	②	③	④	⑤	⑥

다음은 국가가 제공하는 복지에 관한 의견을 묻는 질문입니다.

문 7) 사회복지를 늘리면 국민들의 일할 의욕이 떨어진다는 의견이 있습니다. 이에 대해 귀하는 어떻게 생각하십니까? □

① 매우 그렇다
② 그렇다
③ 대체로 그렇다
④ 보통이다
⑤ 대체로 그렇지 않다
⑥ 그렇지 않다
⑦ 전혀 그렇지 않다

문 8) 귀하는 성장과 분배 중에서 성장이 중요하다고 생각하십니까? 혹은 분배가 중요하다고 생각하십니까? □

①————②————③————

① 성장만이 중요하다 ④ 분배만이 중요하다

문 9) 귀하는 다음 각각의 의견에 대해 얼마나 동의하십니까? 혹은 그렇지 않습니까?
(※ ㉮~㉷ 항목별로 각각 작성해 주십시오.)

항목	매우 동의한다	동의한다	동의도 반대도 하지 않는다	반대한다	매우 반대한다
㉮ 경제를 살리기 위해서는 세금을 줄여야 한다.	①	②	③	④	⑤
㉯ 사회복지 확대를 위해서는 세금을 더 거둬야 한다.	①	②	③	④	⑤
㉰ 어린 자녀는 집에서 어머니가 돌봐야 한다.	①	②	③	④	⑤
㉱ 국민기초생활보장 급여를 받는 빈곤층은 대부분 게으르다.	①	②	③	④	⑤
㉲ 복지는 전국민이 아니라 가난한 사람에게만 제한적으로 제공될 필요가 있다.	①	②	③	④	⑤
㉳ 노동능력이 있거나 일자리가 있어도 가난한 사람에게는 국가가 최소생계를 보장해야 한다.	①	②	③	④	⑤
㉴ 부모를 모실 책임은 전적으로 자식에게 있다.	①	②	③	④	⑤
㉵ 국가가 운영하는 건강보험은 최소한의 서비스로 축소시키고, 나머지는 각자 민간의료보험을 이용해서 해결해야 한다.	①	②	③	④	⑤
㉶ 대학교육까지 모든 교육은 무상으로 제공되어야 한다.	①	②	③	④	⑤
㉷ 유치원이나 보육시설은 무상으로 제공되어야 한다.	①	②	③	④	⑤

일러두기

다음은 복지를 제공하는 여러 부문에 대한 여러분의 견해를 묻는 질문입니다.

문 10) 귀하는 우리나라 정부가 사회정책과 관련된 다음의 각 정책영역에서 얼마나 잘 하고 있다고 생각하십니까? 혹은 그렇지 않다고 생각하십니까? (※ ㉮~㉶ 항목별로 각각 작성해 주십시오.)

정부의 사회정책	매우 잘하고 있다	잘 하고 있는 편이다	보통/그저 그렇다	잘 못하는 편이다	매우 잘못하고 있다
㉮ 아픈 사람에게 의료서비스를 제공하는 것	①	②	③	④	⑤
㉯ 노인들이 적절한 삶의 질을 유지하도록 하는 것	①	②	③	④	⑤
㉰ 장애인의 불편을 덜기 위한 서비스 제공	①	②	③	④	⑤
㉱ 질 높고 충분한 보육서비스를 제공하는 것	①	②	③	④	⑤
㉲ 빈곤 예방 및 감소	①	②	③	④	⑤
㉳ 실업에 대한 대응	①	②	③	④	⑤
㉴ 성평등 수준을 높이는 것	①	②	③	④	⑤
㉵ 모두가 위생적이고 적절한 주택에서 거주할 수 있도록 하는 것	①	②	③	④	⑤
㉶ 인재 육성을 위한 학교교육	①	②	③	④	⑤

문 11) 귀하는 다음 각 분야의 복지서비스를 누가 담당해서 운영하고 전달하는 것이 가장 바람직하다고 생각하십니까? (※ ㉮~㉴ 항목별로 각각 작성해 주십시오.)

분야	국가 (중앙/지방정부)	가족 친지	직장	민간기관 (영리기관)	비영리 민간기관
㉮ 교육	①	②	③	④	⑤
㉯ 보건의료	①	②	③	④	⑤
㉰ 아동	①	②	③	④	⑤
㉱ 노인	①	②	③	④	⑤
㉲ 주거	①	②	③	④	⑤
㉳ 고용	①	②	③	④	⑤
㉴ 장애인	①	②	③	④	⑤

〈 유의사항 〉
※ 민간기관(영리기관) : 수익을 목적으로 복지서비스를 제공하는 조직(사립유치원, 유료민간 양로원 및 실버타운, 민간병원 등)
※ 비영리 민간기관 : 수익을 목적으로 하지 않는 기관(복지관, 노인회관 등)

문 12) 귀하는 다음 각 분야의 복지서비스를 위한 재정적인 부담은 누가 담당하는 것이 가장 바람직하다고 생각하십니까? (※ ㉮~㉴ 항목별로 각각 작성해 주십시오.)

분야	국가 (중앙/지방정부)	본인(개인)	가족친지	직장
㉮ 교육	①	②	③	④
㉯ 보건의료	①	②	③	④
㉰ 아동	①	②	③	④
㉱ 노인	①	②	③	④
㉲ 주거	①	②	③	④
㉳ 고용	①	②	③	④
㉴ 장애인	①	②	③	④

Ⅱ. 복지재원 및 대상범위

다음은 세금부담에 관한 질문입니다. 귀하는 오늘날 한국의 세금 수준이 어느 정도라고 생각하십니까?
여기에서 세금은 소득세, 소비세 등을 포함한 모든 종류의 세금을 의미합니다. 단, 사회보험료는 제외됩니다.

문 13) 귀하는 다음 각 소득계층이 현재 내는 세금의 수준은 어떻다고 생각하십니까?
(※ ㉮~㉰ 항목별로 각각 작성해 주십시오.)

소득계층	지나치게 높다	꽤 높다	적절한 편이다	꽤 낮다	너무 지나치게 낮다	선택할 수 없음
㉮ 고소득층	①	②	③	④	⑤	⑥
㉯ 중간층	①	②	③	④	⑤	⑥
㉰ 저소득층	①	②	③	④	⑤	⑥

문 14) 나보다 돈을 많이 벌면서 세금을 적게 내는 사람이 많다고 생각하십니까? □

① 매우 그렇다
② 그렇다
③ 대체로 그렇다
④ 보통이다
⑤ 대체로 그렇지 않다
⑥ 그렇지 않다
⑦ 전혀 그렇지 않다

문 15) 복지예산을 늘리기 위해 세금을 더 걷어야한다는 주장에 대해 찬성하십니까? 혹은 반대하십니까? □

① 매우 찬성한다
② 찬성한다
③ 대체로 찬성한다
④ 보통이다
⑤ 대체로 반대한다
⑥ 반대한다
⑦ 매우 반대한다

문 16) 귀하는 국가가 노인, 아동, 장애인 등에게 복지서비스를 제공하기 위해 필요한 돈을 어떻게 마련하는 것이 가장 바람직하다고 생각하십니까? □

① 복지서비스를 받는 사람이 서비스 이용 요금을 내서
② 국민 모두가 세금을 내서
③ 돈이 많은 사람들이 세금을 더 내서
④ 기업이 세금, 기부금 등을 내서
⑤ 종교단체 등이 기부금 등을 내서
⑥ 기타(적을 것 : ________________________)

다음은 국가가 징수한 세금을 어떻게 쓸 것인가에 관한 의견을 묻는 질문입니다.

문 17) 국가가 세금을 걷어서 의료, 연금 등의 사회보험이나 육아나 양로와 같은 사회서비스를 제공할 때, 모든 국민을 대상으로 하는 방안과 가난한 사람들만을 대상으로 하는 방안이 있습니다.
어느 방안으로 실시하는 것이 옳다고 생각하십니까?
(※모든 국민을 대상으로 하는 방안이 옳다고 생각할수록 ①로, 가난한 사람들을 대상으로 하는 방안이 옳다고 생각할수록 ⑤로 기입해 주십시오.)

①――②――③――

① 모든 국민대상 ⑤ 가난한 사람들을 대상

문 18) 국민이 낸 세금을 다음과 같은 사회문제의 해결을 위해 쓴다고 할 때, 어디에 주로 쓰여야 한다고 생각하시는지 순서대로 두 가지만 골라 주십시오.

1순위		2순위	

① 노후생활문제
② 건강 및 의료문제
③ 실업문제
④ 교육문제
⑤ 아동양육문제
⑥ 장애인 문제
⑦ 주거문제
⑧ 빈곤
⑨ 기타(적을 것: ______________)

Ⅲ. 정치참여와 성향

다음은 정치참여와 성향에 관한 질문입니다.

문 19) 귀하는 개인적으로 정치에 어느 정도 관심이 있으십니까?

① 매우 관심이 있다
② 상당히 관심이 있다
③ 다소 관심이 있다
④ 별로 관심이 없다
⑤ 전혀 관심이 없다
⑥ 선택할 수 없음

문 20) 귀하는 한국의 정치상황에 대해 어느 정도 만족 또는 불만족하십니까?

① 매우 만족
② 다소 만족
③ 만족도 불만족도 아니다
④ 다소 불만족
⑤ 매우 불만족
⑥ 선택할 수 없음

문 21) 귀하는 자신이 정치적으로 어느 정도 진보적 또는 보수적이라고 생각하십니까?

① 매우 진보적
② 다소 진보적
③ 중도
④ 다소 보수적
⑤ 매우 보수적
⑥ 선택할 수 없음

CONTENTS

차 례

SPSS로 중급 통계분석 배우기

SPSS로 중급 통계분석 배우기

안녕하세요. 이 책을 펼치신 것을 환영합니다.

여기에는 본인이 저술한 초급 통계분석 과정을 거치고 오신 분들도 있고, 바로 중급과정을 배우기 위해서 오신 분들도 있습니다. 중급과정을 착실히 배워 통계분석을 자기 멋대로 이용할 수 있는 능력을 차근히 배양합시다.

이 책에서는 통계분석의 중급과정에 대해서 설명해 드리겠습니다. 초급과정을 마치고 제1장에 오신 분들은 약간 어렵다고 생각할 수 있습니다. 이럴 때는 초급 통계분석 과정을 다시 한번 살펴보시기 바랍니다. 초급 통계분석 과정은 통계분석의 기초입니다. 기초가 튼튼해야지 중급과정을 손쉽게 이해할 수 있습니다.

자! 초급과정보다 약간 풍부한 통계분석을 한번 배워볼까요?

저를 많이 비교해 주세요! 저의 이름은 분산(Anova)

어린이들이 가장 싫어하는 일은 다른 아이들과 비교하여 야단치는 일입니다. 이와 반대로 남들과 비교하는 일을 좋아하는 통계분석이 있습니다. 바로 분산분석(Anova)입니다. 분산분석은 평균값을 기초로 여러 집단을 비교하고, 이들 집단 간에 차이점이 있는지 가설 검정을 통해서 상관관계를 파악하는 통계 분석 기법입니다.

분산분석은 복잡하고 다양한 사회현상들을 비교·분석하여 현실의 흐름을 파악하는 데 주로 사용합니다. 그러나 무작정 모두 다 비교 분석을 할 수 있는 것은 아닙니다. 가령 코흘리개 어린아이와 어른의 100m 달리기 기록을 비교하는 것은 아무런 가치가 없습니다. 신체적 조건에 의해 어른이 이길 게 뻔하기 때문이죠. 분산분석에서는 비교의 조건과 기준을 정확하게 설정해야 합니다. 이때 비교하고자 하는 대상 집단은 제한적이어야 합니다.

비교에도 원칙이 있다

분산분석(Anova)에서 비교하고자 하는 대상은 '독립변수'라고 합니다. 독립변수는 다른 변수의 변화와 관계없이 스스로 하나의 독립적인 변수를 말합니다. 분산분석에서 비교 대상이 되는 독립변수의 변수값 범위가 제한적이고, 명목 데이터(성별, 학력, 직업, 종교별 등)의 성향을 가지고 있어야 합니다. 그리고 순위 데이터의 성향을 가진 변수도 분산분석의 독립변수가 될 수 있습니다.

비교의 기준이 되는 변수는 수치화하기 쉬워야 하며 수치화한 데이터의 내용도 다양해야 합니다. 이 비교의 기준을 분산분석에서는 '종속변수'라고 정의합니다. 종속변수는 독립변수의 변화에 따라 변수의 값이 변하는 변수를 말합니다. 분산분석에서 사용하는 종속변수는 비율 데이터(월소득 액수, 만족지수, 행복지수, 평가점수)의 성향이나 등간데이터의 성향은 반드시 가지고 있어야 합니다.

종속변수는 등간 · 비율척도이고 독립변수는 명목이나 순서척도

예를 들어, '우리나라의 소득격차 평가'에 대한 평가를 자신의 정치성향별로 조사한다면 진보와 보수로 구분한 정치성향은 독립변수가 되며 소득격차 평가는 종속변수가 됩니다.

분산분석은 비교대상이 되는 집단의 평균값을 먼저 비교합니다. 그리고 비교한 집단 간의 평균값이 차이가 단순한 숫자상의 차이인지, 아니면 통계상에 의미가 있는 차이인지를 분석해줍니다. 즉, 평균값을 비교 분석함으로써 집단 간의 상관관계를 확실하게 파악할 수 있습니다.

F값은 두 개 이상 복수의 집단을 대상으로 하여 각 집단의 평균을 서로 비교

하는 분산분석의 검정 통계값입니다. F값의 계산 논리는 다음과 같습니다.

F값을 구하기 위해 정치성향에 따라 '우리나라의 소득격차 평가'가 어떻게 분포되는지를 다음의 설문조사를 실시하여 다음과 같은 결과를 도출했다고 가정합니다.

> **우리나라는 소득격차가 너무 크다.**
> ① 매우 동의(1점) ② 동의(2점) ③ 동의도 반대도 안 함(3점) ④ 반대(4점)
> ⑤ 매우 반대(5점) ⑥ 선택사항 없음(6점)

일련번호	정치성향	소득격차 평가	일련번호	정치성향	소득격차 평가
001	진보	1	006	진보	3
002	보수	4	007	보수	4
003	보수	5	008	진보	1
004	진보	2	009	보수	3
005	보수	4	010	진보	1
진보 평균값		1.6	보수 평균값		4
전체 평균값		2.8(긍정도 부정도 안 하는 경향)			

1. F값의 계산 논리는 제곱합의 개념부터 알아야 합니다. 먼저 진보와 보수 각각에 대한 집단내 제곱의 합과 전체 제곱의 합을 구해봅시다.

일련번호	정치성향	소득격차 평가	집단 내 제곱의 합 (소득격차-집단평균)^2	전체 제곱의 합 (소득격차-전체평균)^2
001	진보	1	$(1-1.6)^2=0.36$	$(1-2.8)^2=3.24$
004	진보	2	$(2-1.6)^2=0.16$	$(2-2.8)^2=0.64$
006	진보	3	$(3-1.6)^2=1.96$	$(3-2.8)^2=0.04$
008	진보	1	$(1-1.6)^2=0.36$	$(1-2.8)^2=3.24$
010	진보	1	$(1-1.6)^2=0.36$	$(1-2.8)^2=3.24$
합 계			3.2	10.4

일련번호	정치성향	소득격차 평가	집단 내 제곱의 합 (대처능력평가-집단평균)^2	전체 제곱의 합 (대처능력평가-전체평균)^2
002	보수	4	$(4-4)^2=0$	$(4-2.8)^2=1.44$
003	보수	5	$(5-4)^2=1$	$(5-2.8)^2=4.84$
005	보수	4	$(4-4)^2=0$	$(4-2.8)^2=1.44$
007	보수	4	$(4-4)^2=0$	$(4-2.8)^2=1.44$
009	보수	3	$(3-4)^2=1$	$(3-2.8)^2=0.04$
합 계			2	9.2

2. 독자들의 이해를 돕기 위하여 진보와 보수 각각에 대한 집단내 제곱의 합과 전체 제곱의 합을 구해보았습니다. 그러면 진보와 보수 모두가 공유하는 집단내의 제곱합과 전체 제곱의 합을 구해보도록 합시다.

내용	정치성향		합계
	진보	보수	
집단 내 제곱의 합	3.2	2	5.2
전체 제곱의 합	10.4	9.2	19.6

3. 두 집단 간 제곱의 합은 전체 제곱의 합에서 집단내 제곱의 합을 빼주면 됩니다. 도표로 정리하면 다음과 같습니다.

집단 간 제곱의 합 = 전체 제곱의 합 - 집단 내 제곱의 합
(14.4) (19.6) - (5.2)

4. 우리는 기초통계분석에서 교차분석을 카이자승 검정할 때 필요한 것이 자유도라고 배웠습니다. 이와 마찬가지로 분산분석의 자유도는 한글 SPSS에서 계산된 F값과 부록의 F-분포표에 나온 F값을 비교할 때 쓰입니다. 자유도를 알아야 F-분포표에서 F값을 손쉽게 찾을 수 있습니다.

F값 자유도 공식

자유도 = 집단간 자유도, 집단내 자유도
집단간 자유도 = 집단수 - 1
집단내 자유도 = 전체 표본수 - 집단수
전체의 자유도 = 전체 표본수 - 1

예를 들어, '우리나라의 소득격차 평가' 정치성향별(진보, 보수)로 10명을 대상으로 하여 조사 연구를 실시했다고 가정합니다. 가설검증의 기준이 되는 자유도를 한번 구해보세요.

집단간 자유도 = 2 - 1 = 1
집단내 자유도 = 10 - 2= 8
전체의 자유도 = 10 - 1= 9

부록에 있는 F-분포표에서 **df1은 '집단간 자유도'를 의미라고 df2 는 '집단내 자유도'를 의미합니다.** 그리고 전체 자유도는 집단내 자유도와 집단간의 자유도의 합과 항상 똑같습니다.

5. 제곱의 합과 자유도를 합성하여 평균의 제곱을 구할 수 있다. 평균의 제곱은 제곱의 합을 자유도로 나누어 계산하면 됩니다. 전체 자유도는 집단내 자유도와 집단간의 자유도의 합과 항상 똑같습니다.

내용	제곱의 합	자유도	평균의 제곱
집단 간	14.4	1	14.4
집단 내	5.2	8	0.65
전체	19.6	9	2.17

6. 마지막으로 F값을 구해봅시다. F값은 집단간 평균의 제곱을 집단내의 평균의 제곱으로 나누어 계산하면 됩니다. 공식으로 설명하면 다음과 같습니다. 어렵죠! 어려우면 "흐르는 강물처럼" 이 정도만 알고 그냥 넘어가세요. 한글

SPSS가 알아서 복잡한 공식을 대신 계산해 주니까요. 독자 여러분께서는 F값 계산의 기본원리만 이해하셔도 분산분석을 사용하는 데 큰 지장이 없습니다. F값의 기본원리만 이해하고 한글 SPSS 통계박사에게 계산을 맡기셔도 됩니다.

F값 공식

집단간 평균의 제곱/ 집단내의 평균제곱 = 2.76
(14.4) (5.2)

▌분산분석의 가설검증 절차

먼저 신뢰도를 결정해야 합니다. 신뢰도는 조사 담당자가 적용하는 가치판단의 영역임으로 신중하게 결정해야 합니다. 일반적으로 95%의 신뢰도를 많이 사용합니다. 신뢰도를 설정하고 자유도를 계산한 후 F-분포표에서 기준이 되는 F값을 찾아냅니다. 그렇다면 F-분포표에서 해석 방법을 배워봅시다. 신뢰도를 95%(유의수준 0.05%)로 설정하고 (2.76)기준이 되는 F-분포표 값은 5.32입니다.

한글 SPSS에서 계산된 F값과 기준이 되는 F값 분포표을 비교하여 크기를 판단합니다. 다만, SPSS에서 계산한 F값이 기준이 되는 F값 분포표보다 클 경우에만 통계학적으로 의미 있는 상관관계를 형성합니다.

자유도(df$_1$)												α	자유도 (df^{2})
1	2	3	4	5	6	7	8	9	10	11	12		
↓	49.50	53.60	55.80	57.20	58.20	58.90	59.40	59.90	60.20	60.50	60.70	.10	1
↓	200	216	225	230	234	237	239	241	242	243	244	.05	
↓	9.00	9.16	9.24	9.29	9.33	9.35	9.37	9.38	9.39	9.40	9.41	.10	2
↓	19.00	19.20	19.20	19.30	19.30	19.40	19.40	19.40	19.40	19.40	19.40	.05	
↓	99.00	99.20	99.20	99.30	99.30	99.40	99.40	99.40	99.40	99.40	99.40	.01	
↓	5.46	5.39	5.34	5.31	5.28	5.27	5.25	5.24	5.23	5.22	5.22	.10	3
↓	9.55	9.28	9.12	9.01	8.94	8.89	8.85	8.81	8.79	8.76	8.74	.05	

↓	30.80	29.50	28.70	28.20	27.90	27.70	27.50	27.30	27.20	27.10	27.10	.01	
↓	4.32	4.19	4.11	4.05	4.01	3.98	3.95	3.94	3.92	3.91	3.90	.10	
↓	6.94	6.59	6.39	6.26	6.16	6.09	6.04	6.00	5.96	5.94	5.91	.05	4
↓	18.00	16.70	16.00	15.50	15.20	15.00	14.80	14.70	14.50	14.40	14.40	.01	
↓	3.78	3.62	3.52	3.45	3.40	3.37	3.34	3.32	3.30	3.28	3.27	.10	
↓	5.79	5.41	5.19	5.05	4.95	4.88	4.82	4.77	4.74	4.71	4.68	.05	5
↓	13.30	12.10	11.40	11.00	10.70	10.50	10.30	10.20	10.10	9.96	9.89	.01	
↓	3.46	3.29	3.18	3.11	3.05	3.01	2.98	2.96	2.94	2.92	2.90	.10	
↓	5.14	4.76	4.53	4.39	4.28	4.21	4.15	4.10	4.06	4.03	4.00	.05	6
↓	10.90	9.78	9.15	8.75	8.47	8.26	8.10	7.98	7.87	7.79	7.72	.01	
↓	3.26	3.07	2.96	2.88	2.83	2.78	2.75	2.72	2.70	2.68	2.67	.10	
↓	4.74	4.35	4.12	3.97	3.87	3.79	3.73	3.68	3.64	3.60	3.57	.05	7
↓	9.55	8.45	7.85	7.46	7.19	6.99	6.84	6.72	6.62	6.54	6.47	.01	
↓	3.11	2.92	2.81	2.73	2.67	2.62	2.59	2.56	2.54	2.52	2.50	.10	
5.32	←	←		←	←	←	←	←	←	←		.05	18
11.30	8.65	7.59	7.01	6.63	6.37	6.18	6.03	5.91	5.81	5.73	5.67	.01	

▮ 신뢰도를 정확하게 판단하는 것이 조사연구의 생명

속담에 "무덤까지 들고 갈 비밀은 없다"는 말이 있습니다. 거짓말은 언젠가 밝혀진다는 이야기겠지요. 이와 마찬가지로 신뢰도를 고무줄처럼 늘려서 조사연구 결과를 억지로 증명하려는 사람은 조사 연구의 사기꾼입니다. 신뢰도를 조작하여 '의미 없는 통계'가 '의미 있는 통계'로 바꾸었다고 칩시다. 어떤 결과가 초래될까요? 이것은 곧 여론을 왜곡하는 일입니다. 한마디로 사회적 범죄지요. 뿐만 아니라 결국 자기 자신도 피해자가 될 것입니다.

혹시 이러한 마음을 먹고 이 책을 사보신 독자가 있다면 당장 책을 덮어주십시오. 정직한 마음을 갖고 조사연구를 배워야 조사방법론을 제대로 활용할 수 있으니까.

▌분산분석 따라 배우기

'우리나라의 소득격차 평가'에 대한 평가가 정치성향에 따라 어떻게 분포되는지를 분산분석을 이용하여 분석해 봅시다. 일단 '우리나라의 소득격차 평가'의 평균값 차이를 알고 보고, 차이가 난다면 어떠한 수준의 차이인지를 알아봅시다.

실전 예제

우리나라는 소득격차가 너무 크다.
① 매우 동의(1점) ② 동의(2점) ③ 동의도 반대도 안 함(3점) ④ 반대(4점) ⑤ 매우 반대(5점) ⑥ 선택사항 없음(6점)

정치성향
① 매우 진보적 ② 다소 진보적 ③ 중도 ④ 매우 보수적 ⑤ 다소 보수적 ⑥ 선택사항 없음

'Koweps_wc08_2013_beta10.sav'파일에 있는 변수명은 'wc08_5aq6'입니다.

1. 'Koweps_wc08_2013_beta10.sav' 파일에서 시작하겠습니다. SPSS 데이터 편집기 창 메뉴에서 [분석(A)] →**→평균 및 비율비교→일원배치 분산분석(O)...**를 선택하세요.

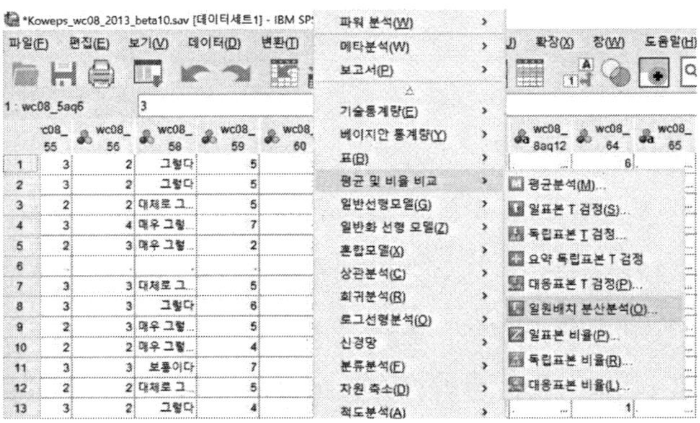

한글 SPSS의 분석(A) 메뉴

2. 일원배치 분산분석 대화상자가 열립니다. 여기서 비교의 기준이 되는 **종속변수(소득격차/wc08_5aq1)**를 마우스로 클릭하여 종속변수(E)난으로 이동시킵니다. 그리고 비교의 대상이 되는 **독립변수(wc08_5aq6/정치성향)**를 클릭하여 요인(F)난으로 이동시킵니다. 그리고 대비(N) 단추를 눌러주세요.

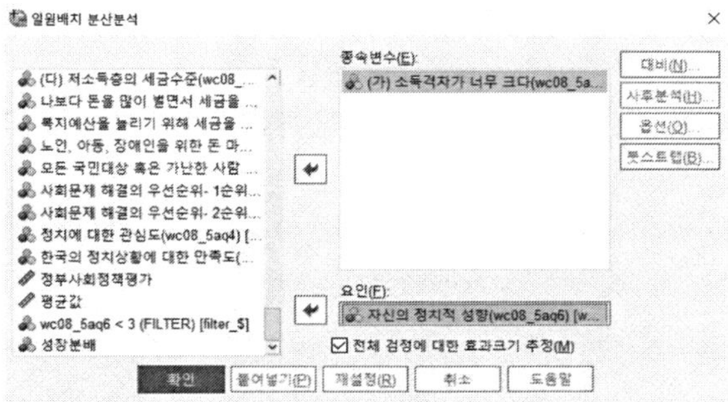

일원 배치 분산분석 대화상자

3. 일원배치 분산분석: 대비 대화상자가 열립니다. 여기서 분석방법을 지정해줍니다. 다음과 같이 옵션을 선택하고 〈계속〉을 눌러주면 일원배치 분산분석 대화상자가 다시 열립니다.

① □ 다항식(P): 다항식의 형태에 따라 두 집단의 평균값 차이를 비교합니다.

② 차수(D) : 1차 다항식의 형태를 지정합니다.

일원 배치 분산분석: 대비 대화상자

4. 일원배치 분산분석 대화상자에서 〈다중비교(H)...〉단추를 선택하세요. 다음의 일원배치 분산분석: 사후분석-다중비교 대화상자가 열리면 다음과 같이 옵션을 선택하고 〈계속〉을 눌러주세요.

   ① 등분산을 가정함 : 집단간을 다중 비교하고, 집단 평균은 오름차순으로 정리합니다

   □ Duncan(D) : 각 변수들이 어떠한 평균값의 차이를 보이는지를 사후 검정합니다.

   ② □ 사후분석 검정에 대한 유의수준[알파]지정

   유의도 검정 수준을 결정합니다. 보통 95%(유의도 0.05)를 주로 사용합니다.

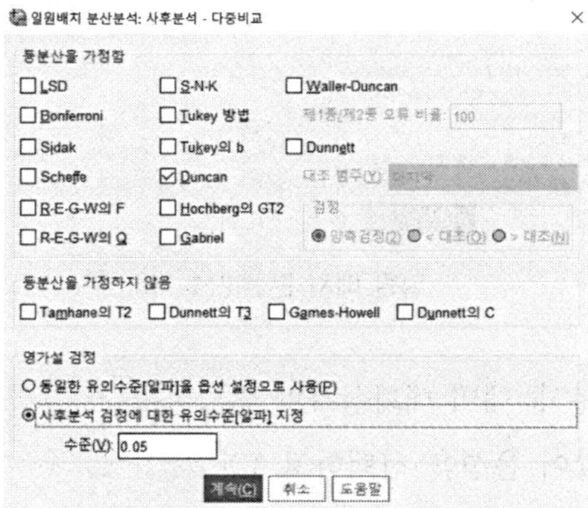

일원 배치 분산분석 : 사후분석-다중비교 대화상자

5. 일원배치 분산분석 대화상자에서 〈옵션(O)...〉단추를 선택하세요. 일원배치 분산분석: 옵션 대화상자가 열리면 기술 통계값과 결측값을 표시하는 방법을 지정하는 옵션을 선택하고 〈계속〉을 눌러줍니다. 그런 일원배치 분산분석 대화상자에서 〈확인〉단추를 눌러주면 출력결과 항해사 창에 일원배치 분산분석의 결과가 나타납니다.

   ① 통계량 : 통계분석의 방법을 지정합니다.

   □ 기술통계(D)

   각 집단에 대한 각 종속변수의 95%의 신뢰 구간으로 계산합니다. 그리고 사례의 수, 평균, 표준편차,

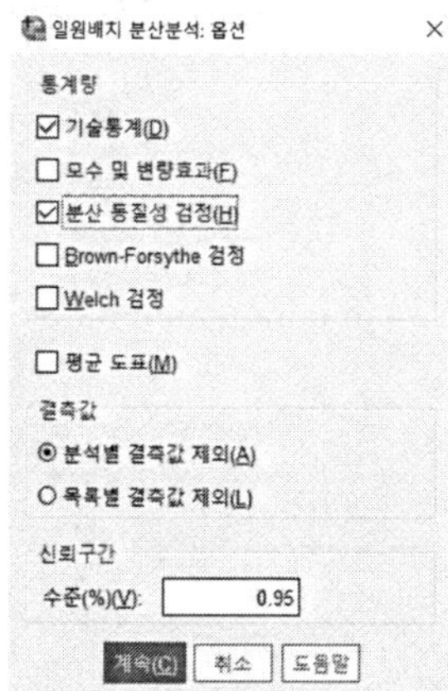

일원 배치 분산분석: 옵션 대화상자

표준 오차, 최소치, 최대치를 함께 계산합니다.

□ 분산의 동질성(H)

분산의 동일성 여부를 파악합니다.

② 결측값 : 무응답치의 사용방법을 지정합니다.

○ 분석별 결측값 제외(A)

독립변수나 종속변수 중 어느 하나에 대한 무응답치가 발생한 사례와 범위 지정에 들지 않는 독립변수는 사용하지 않습니다.

분산분석 결과 빠르게 해석하기

'우리나라의 소득격차'에 대한 평가가 정치성향에 따라 어떻게 분포되는지를 분산분석을 이용하여 분석해 봅시다. 일단 '우리나라의 소득격차 평가'의 평균값 차이를 알고 보고, 차이가 난다면 어떠한 수준의 차이인지를 알아봅시다.

1. 기술 통계 분석 이해하기

기술통계

(가) 소득격차가 너무 크다(wc08_5aq1)

	N	평균	표준 편차	표준 오차	평균의 95% 신뢰구간		최소값	최대값
					하한	상한		
1 매우 진보적	99	1.55	.659	.066	1.41	1.68	1	5
2 다소 진보적	728	1.78	.707	.026	1.73	1.83	1	6
3 중도	1678	1.90	.658	.016	1.87	1.93	1	5
4 매우 보수적	1078	1.89	.631	.019	1.85	1.92	1	6
5 다소 보수적	360	1.88	.838	.044	1.79	1.97	1	5
6 선택할 수 없음	240	1.71	.598	.039	1.63	1.78	1	4
9 결측값	1	1.00	.	.	.	.	1	1
전체	4184	1.86	.678	.010	1.84	1.88	1	6

일원배치 분산분석: 옵션 대화상자에서 선택한 통계분석 내용입니다.

우리나라의 소득격차 평가가 정치성향별로 표시되어 있습니다. 빈도수(N), 평균값(Mean), 표준편차(Std, Deviation), 표준 오차(Std, Error), 평균에 대한 95%의 신뢰구간의 하한값(Lower Bound), 상한값(Upper Bound), 최소값(Minimum), 최대값(Maximum) 등이 표시되어 있습니다.

우리나라의 소득격차에 대한 평가에서 전체 평균값(1.86)은 대체로 '동의'라고 응답한 응답자가 많은 비중을 차지하고 있음을 보여줍니다.

'우리나라의 소득격차'에 대한 평가에서 정치성향별로 평균값 - 1. 매우 진보적(1.55), 2. 다소 진보적(1.78), 3. 중도(1.90), 4. 매우 보수적(1.89), 5. 다소 보수적(1.88), 6. 선택할 수 없음(1.71)- 차이가 납니다. 이 차이가 단순한 수치상의 차이인지 아니면, 통계적으로 의미가 있는 평균값의 차이인지 F값을 기초로 하여 가설 검정을 해보도록 합시다.

2. 분산분석의 F값으로 가설검정하기

분산의 동질성 검정

		Levene 통계량	df1	df2	유의확률
(가) 소득격차가 너무 크다(wc08_5aq1)	평균을 기준으로 합니다.	10.988	5	4177	<.001
	중위수를 기준으로 합니다.	8.679	5	4177	<.001
	자유도를 수정한 상태에서 중위수를 기준으로 합니다.	8.679	5	4088.182	<.001
	절삭평균을 기준으로 합니다.	11.744	5	4177	<.001

일원 배치 분산분석: 옵션 대화상자에서 선택한 통계분석 내용입니다.

분산의 동질성 검증(Levene)은 분산분석을 하기 위해서 표본이 무작위로 추출되고, 모집단이 동일한 분산을 가지고 있어야 한다는 점을 확인해 주는 통계값입니다. '우리나라의 소득격차'에 대한 평가를 유의확률 수준(Sig)에서 살펴보겠습니다. 유의확률이 0.01는 0.05(P=0.01 > 0.05)보다 작기 때문에 '우리나라의 소득격차'에 대한 평가가 정치성향에 따라 평균값 차이가 모집단에 동일하게 분산되어 있다고 해석할 수 있습니다. 등분산의 가정이 만족되므로, '우리나라의 소득격차'에 대한 정치성향별로 평균값 차이가 있는지 알기 위해 분산분석을 사용할 수 있게 되었습니다.

ANOVA

(가) 소득격차가 너무 크다(wc08_5aq1)

			제곱합	자유도	평균제곱	F	유의확률
집단-간	(결합됨)		24.262	6	4.044	8.900	<.001
	선형 항	가중됨	.544	1	.544	1.196	.274
		편차	23.718	5	4.744	10.441	<.001
집단-내			1897.833	4177	.454		
전체			1922.095	4183			

일원 배치 분산분석: 사후분석-다중비교 대화상자에서 선택한 통계분석 내용입니다.

ANOVA 효과 크기[a]

		포인트 추정값	95% 신뢰구간 하한	95% 신뢰구간 상한
(가) 소득격차가 너무 크다(wc08_5aq1)	에타 제곱	.013	.006	.019
	엡실론 제곱	.011	.004	.017
	오메가 제곱 고정 효과	.011	.004	.017
	오메가 제곱 변량효과	.002	.001	.003

a. 에타 제곱 및 엡실론 제곱은 고정 효과 모델을 기반으로 추정됩니다

위의 분석에서 유심히 살펴보아야 할 통계값은 F값과 자유도(df) 입니다. 위에서 분석된 결과의 F값은 8.900이고 자유도(df)는 6과 4177입니다. 이 값을 부록의 F분포표에서 찾아보면 6과 4177인 경우(신뢰도 수준 95%, 유의도 수준 0.05%)는 F값이 나타나 있지 않습니다. 이런 경우 6과 4177의 상위 어떤 값을 취해도 무방합니다. 한글 SPSS에서 계산된 F값(8.900)이 F분포표에 있는 기준

이 된 F값보다 크면 통계적으로 의미가 있습니다. 이 말은 정치성향에 따라 '우리나라의 소득격차"에 대한 평가를 다르게 평가하고 있다는 의미입니다.

부록에 있는 F분포표를 찾아보지 않아도 간단하게 가설검정을 할 수 있는 방법이 있습니다. 위의 분석결과 중 유의확률을 유심히 한번 살펴보십시오. 만약에 유의확률을 0.05로 설정하여 가설검정을 했다면 유의확률 검정의 수치가 0.05보다 작으면 통계적으로 의미가 있다고 해석할 수 있습니다. 이 표에선 유의확률이 0.01로 0.05보다 작기 때문에 통계적으로 의미가 있다고 해석할 수 있습니다.

▌남의 일에 참견하는 상관관계

남의 일에 사사건건 참견하는 사람을 흔히 '약방의 감초'라고 합니다. 이와 마찬가지로 통계분석의 감초가 있습니다. 바로 상관관계 분석(Correlation)입니다. 상관관계 분석은 두 변수 사이에 어떠한 관계가 존재하는지를 상관 관계의 정도로 측정해주는 피어슨(Pearson) R계수를 통하여 상관성의 존재 유무와 정도를 파악합니다. 분산분석은 변수의 속성 때문에 제한적으로 사용된다면 상관관계 분석은 변수의 속성에 관계없이 분석할 수 있는 잡식성의 분석 기법입니다.

1. 상관계수를 알아야 상관관계를 잘 파악할 수 있습니다.

연애를 잘하는 사람은 연애의 노하우가 있습니다. 이와 마찬가지로 변수 간의 관계 정도를 파악하려면 먼저 상관계수를 알아야 합니다. 즉, 상관관계의 정도를 알려주는 것이 상관계수입니다. 상관계수는 -1에서 1 사이에 존재하고, 상관계수의 절대값이 1에 가까우면 두 변수의 상관성은 강하고 0에 가까우면 두 변수의 상관관계는 전혀 없다고 해석할 수 있습니다.

다시 말해 **상관계수가 0에서 0.20 사이에 있으면 관련 없음, 0.20에서 0.40**

사이에 있으면 약간 관계, 0.40에서 0.70 사이에 있으면 보통 관계, 0.70부터 1 사이에 있으면 강한 관계로 해석합니다.

또한 상관계수가 플러스(+)이면 정(正)의 관계, 마이너스(-)이면 부(不)의 관계라고 정의합니다. 정의 관계는 독립변수의 값이 증가하면 종속변수의 변수값이 증가하는 관계를 의미하면, 부의 관계는 독립변수의 값이 증가(감소)하면 종속변수의 변수값이 감소(증가)하는 관계를 의미합니다.

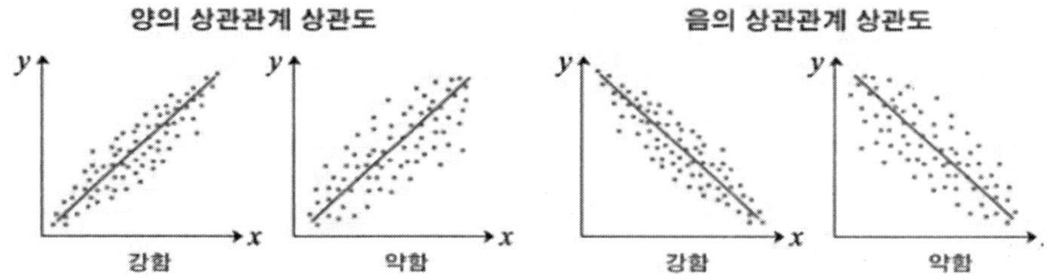

■ 상관계수는 $-1 \leq r \leq 1$ 사이의 수치를 취한다. (+든 -든 1에 가까울수록 상관도가 높음)

산포도와 상관계수 사이의 관계

산포도 모양	상관관계 내용
-1<r<0	음의 상관관계
0<r<1	양의 상관관계
| 1 |	완전 상관관계
r=0	상관없음

2. 상관계수의 진실성을 검정하는 값은 T값입니다.

상관관계의 유무를 확인할 수 있는 검정 통계값은 T값입니다. 일단 상관관계의 유무를 확인하고서 상관관계의 정도를 파악해야 한다는 의미입니다. 모든 일에도 순서가 있듯이 상관관계의 유무도 확인하지 않고, 상관관계의 정도를 이야기하는 것은 모래 위에서 집을 짓는 것과 다를 바 없습니다. 두 변수들의 상관관계는 T값을 이용한 가설검정을 한 후에 상관관계의 정도를 설명 할 수있습니다. 그러면 T값을 이용하여 가설검정의 절차를 확인해봅시다. 먼저 신뢰도를 95%로 설정하고 공식에 의해 계산된 T값과 부록에 있는 T-분포표에 나오는 T값을 비교합니다. 계산된 T값이 큰 경우만 통계적으로 유의미한 상관관계가 있다고 해석할 수 있습니다.

$$T = R\sqrt{\frac{N-2}{1-R^2}}$$

- t= 공식을 이용하여 계산된 t값
- R= 상관계수
- N= 표본 사례수

단순 상관관계의 결과에서 나온 가상의 상관계수(0.281)를 이용하여 T값의 가설검정을 해보겠습니다. 사례수는 1236명으로 임시 결정합니다. 공식에 대입하면 다음과 같습니다.

$$T = 0.281\sqrt{\frac{1236-2}{1-(0.281)^2}} = 0.281\sqrt{\frac{1234}{0.9210}} = 0.281 \times 36.60 = 10.285$$

〈주의〉
상관계수는 절대값을 기준으로 상관관계를 파악합니다.

공식을 이용하여 계산된 T값(10.285)을 가지고 신뢰도 95%(양쪽검정, 유의도0.05)로 설정하고 자유도가 1234일 때 기준이 되는 T값을 부록의 T-분포표에서 찾아보면 1.960입니다. T-분포표에 자유도 1234가 없는 관계로 근사값 ∞값을 취해도 가설 검정에 문제가 없습니다. 따라서 계산된 T값(10.285)이 T-분포표의 T값보다 크기 때문에 통계적으로 상관관계가 있다고 할 수 있습니다.

자유도(df)	일방검정의 유의도 수준					
	.10	.05	.025	.01	.005	.0005
	양방검정의 유의도 수준					
	.20	.10	.05	.02	.01	.001
26	1.315	1.706	↓	2.479	2.779	3.707
27	1.314	1.703	↓	2.473	2.771	3.690
28	1.313	1.701	↓	2.467	2.763	3.674
29	1.311	1.699	↓	2.462	2.756	3.659
30	1.310	1.697	↓	2.457	2.750	3.646
40	1.303	1.684	↓	2.423	2.704	3.551
60	1.296	1.671	↓	2.390	2.660	3.460
120	1.289	1.658	↓	2.358	2.617	3.373
∞	→	→	1.960	2.326	2.576	3.291

3. 별표는 무엇을 의미하나요?

상관관계의 분석표를 보면 별하나(*), 별둘(**)이 표시되어 있습니다. 이것은 변수들의 상관관계의 신뢰도 수준을 이야기합니다. 별하나 (*)는 95% 신뢰도와 유의도 0.05를 의미하고, 별둘(**)은 99%의 신뢰도와 유의도 0.01을 의미합니다. 이것을 간단하게 표현하면 *=0.05, **=0.01라고 표시됩니다. 유의도 수준은 조사담당자의 판단에 따라 조정할 수 있습니다. 그러나 굳이 다른 별표를 사용하지 않고 그대로 사용해도 됩니다.

4. 다중 상관관계분석 이해하기

단순 상관관계의 내용과 동일합니다. 단지 다른 점은 단순 상관관계분석이 두 변수들 간의 관계를 분석하는 방법이라면, 다중상관관계분석은 여러 변수들의 상관관계를 분석해 주는 통계방법입니다.

상관관계 분석 따라 배우기

한국의 정치상황에 대한 만족도와 정치성향 사이에 어떤 관련이 있는지, 있으면 어느 정도 인지를 알아볼까요?. 단순 상관관계 분석을 이용하여 분석해 봅시다.

실전 예제

한국의 정치상황에 대한 만족도

① 매우 만족　② 다소 만족　③ 만족도 불만족도 아님
④ 다소 불만족　⑤ 매우 불만족　⑥ 선택사항 없음

'Koweps_wc08_2013_beta10.sav'파일에 있는 변수명은 'wc08_5aq5'입니다

정치상황

① 매우 진보적　② 다소 진보적　③ 중도　④ 매우 보수적
⑤ 다소 보수적　⑥ 선택사항 없음

'Koweps_wc08_2013_beta10.sav'파일에 있는 변수명은 'wc08_5aq6'입니다.

1. "Koweps_wc08_2013_beta10.sav' 파일을 불러온 상태에서 시작하겠습니다. SPSS 메뉴에서 [분석(A)] →상관분석(C)→이변량 상관계수(B)...를 선택하세요.

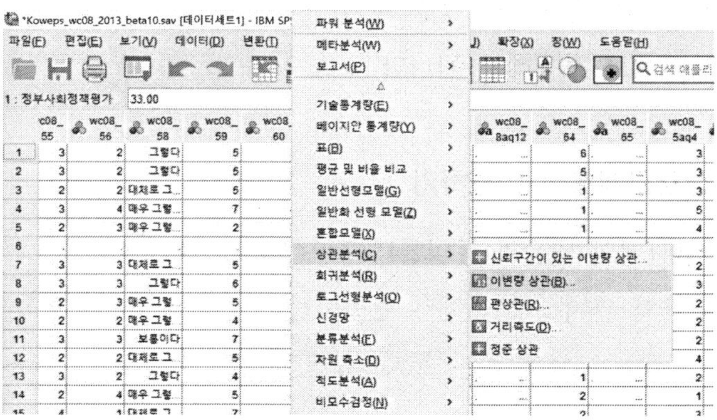

한글 SPSS의 분석(A) 메뉴

2. 이변량 상관계수 대화상자가 열립니다. 상관관계분석을 하려면 여기에 해당하는 변수(wc08_5aq5,wc08_5aq63)를 클릭하여 변수(V) 난으로 이동시킵니다. 다음과 같이 옵션을 지정하고 가설 검정값 종류와 검증 유형을 지정하는 〈옵션(O)...〉단추를 눌러줍니다.

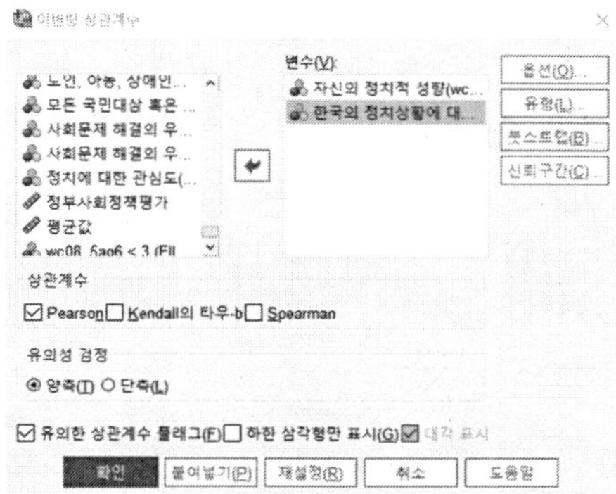

이변량 상관계수 대화상자

① 상관계수: 상관계수의 유형을 선택합니다.

□ Pearson(N)

생활비와 취업희망 액수의 상관관계를 알려주는 상관계수입니다. (기본 설정)

② 유의성 검정: 검정 방법의 유형을 선택합니다.

○ 양족(T) : 관련성의 방향성이 정해지지 않을 때 사용합니다(기본 설정)

③ □ 유의한 상관계수 플래그(F) : 상관계수의 유의 수준을 나타냅니다 (별표하나(*) 0.05, 별표 둘(**) 0.01)

3. 다음 대화상자에서 기술 통계값과 무응답치 표시 방법을 지정하는 옵션을 선택하고 〈계속〉을 눌러주면 이변량 상관계수 대화상자가 다시 열립니다.

① 통계량: 통계분석 방법을 선택합니다.

□ 평균과 표준편차(M)

각 변수들에 대해 평균, 표준편차, 비결측 응답자등을 표시합니다.

② 결측값: 무응답치의 처리방법을 지정합니다.

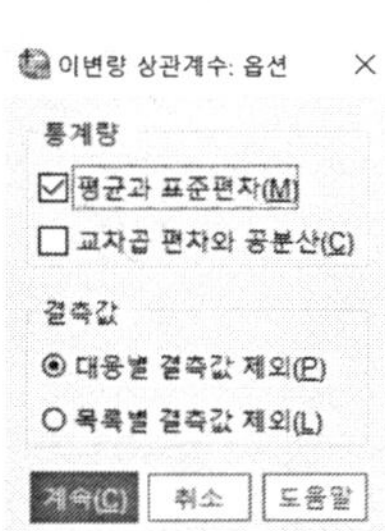

이변량 상관계수: 옵션 대화상자

○ 대응별 결측값 제외(P): 짝을 이루는 변수들 중 하나 이상이 무응답치를 가진 사례이면 그 분석에서 제외됩니다(기본 설정)

4. 이변량 상관계수 대화상자에서 신뢰구간을 설정하는 신뢰구간을 선택하고 이변량 상관계수: 신뢰구간 대화상자가 다시 열립니다. 다음과 같이 옵션을 지정하고 계속을 눌러주고 이변량 상관계수 대화상자에서 〈확인〉단추를 눌러주면 출력결과 항해사 창에 단순 상관관계분석의 결과가 나타납니다.

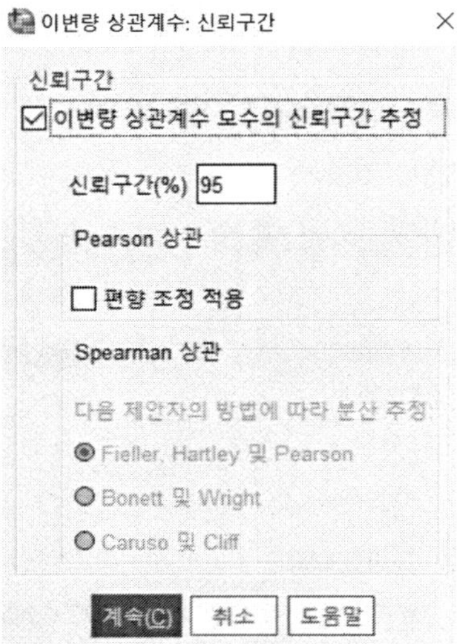

이변량 상관계수: 신뢰구간 대화상자

① 신뢰구간

□ 이변량 상관계수 모수의 신뢰구간 설정

상관관계 분석 빠르게 해석하기

1. 기술 통계량 이해하기

기술통계량

	평균	표준편차	N
한국의 정치상황에 대한 만족도 (wc08_5aq5)	3.82	.957	4184
자신의 정치적 성향 (wc08_5aq6)	3.38	1.118	4184

이변량 상관계수: 옵션 대화상자에서 선택한 통계분석 내용입니다.

두 변수(한국의 정치상황에 대한 만족도와 정치성향)에 대한 평균(Mean), 표준편차(Std .Deviation), 사례수(N)를 나타내고 있습니다. 한국의 정치상황에 대한 만족도(3.82/다소 불만족 경향) 정치성향(3.38/중도성향)으로 나타났으면, 표준편차는 각각 0.957, 1.118이며, 사례수는 4184명입니다.

2. 상관관계의 가설검정

이미 앞서 설명했듯이 상관계수는 -1에서 1 사이에 존재하고, 상관계수의 절대값이 1에 가까우면 두 변수의 상관성은 강하고 0에 가까우면 상관성이 없다고 할 수 있습니다. 그리고 상관계수가 0에서 0.20 사이에 있으면 관련 없음, 0.20에서 0.40 사이에 있으면 약간 관계, 0.40에서 0.70 사이에 있으면 보통 관계, 0.70부터 1 사이에 있으면 강한 관계로 해석합니다.

상관관계

		한국의 정치상황에 대한 만족도(wc08_5aq5)	자신의 정치적 성향(wc08_5aq6)
한국의 정치상황에 대한 만족도(wc08_5aq5)	Pearson 상관	1	-.065**
	유의확률 (양측)		<.001
	N	4184	4184
자신의 정치적 성향(wc08_5aq6)	Pearson 상관	-.065**	1
	유의확률 (양측)	<.001	
	N	4184	4184

**. 상관관계가 0.01 수준에서 유의합니다(양측).

이변량 상관계수 대화상자에서 선택한 통계분석 내용입니다.

신뢰구간

	Pearson 상관	유의확률 (양측)	95% 신뢰구간(양측)a	
			하한	상한
한국의 정치상황에 대한 만족도(wc08_5aq5) - 자신의 정치적 성향(wc08_5aq6)	-.065	<.001	-.095	-.035

a. 추정은 Fisher의 r-z 변환을 기준으로 수행됩니다.

피어슨 상관계수는 두 변수간의 상관관계를 나타내는 계수입니다. 위 표에서 한국의 정치상황에 대한 만족도와 정치성향의 상관계수는 0.065(유의도 수준 0.01 기준)입니다. 따라서 한국의 정치상황에 대한 만족도와 자신의 정치적 성향변수간에 전혀 관계없는 상관관계라고 통계적으로해석할 수 있습니다. 이 말은 한국의 정치상황에 대한 만족도는 정치성향과는 무관하다고 해석할 수 있습니다. 피어슨 상관계수의 가설검정은 유의도 양쪽검정으로 실시합니다. 위 표에서 두 변수간의 상관관계 유의도(0.01)는 0.05보다 작으므로 통계적으로 한국의 정치상황에 대한 만족도와 정치성향은 전혀 관계없는 상관관계라고 볼 수 있습니다.

다중 상관관계 분석 따라 배우기

이번에는 정치관심도, 한국의 정치상황에 대한 만족도와 정치성향 사이의 상호 관련성을 알아보기로 하겠습니다. 세 변수 간에 어떤 영향을 주고받는지 다중상관 관계분석을 이용하여 통계분석을 해보겠습니다.

실전 예제

> **정치에 대한 관심도**
>
> ① 매우 관심 ② 상당 관심 ③ 다소 관심 ④ 별로 관심 없음
> ⑤ 전혀 관심 없음 ⑥ 선택사항 없음

'Koweps_wc08_2013_beta10.sav'파일에 있는 변수명은 'wc08_5aq4'입니다.

> **한국의 정치상황에 대한 만족도**
>
> ① 매우 만족 ② 다소 만족 ③ 만족도 불만족도 아님
> ④ 다소 불만족 ⑤ 매우 불만족 ⑥ 선택사항 없음

'Koweps_wc08_2013_beta10.sav'파일에 있는 변수명은 'wc08_5aq5'입니다.

> **정치성향**
>
> ① 매우 진보적 ② 다소 진보적 ③ 중도 ④ 매우 보수적
> ⑤ 다소 보수적 ⑥ 선택사항 없음

'Koweps_wc08_2013_beta10.sav'파일에 있는 변수명은 'wc08_5aq6'입니다.

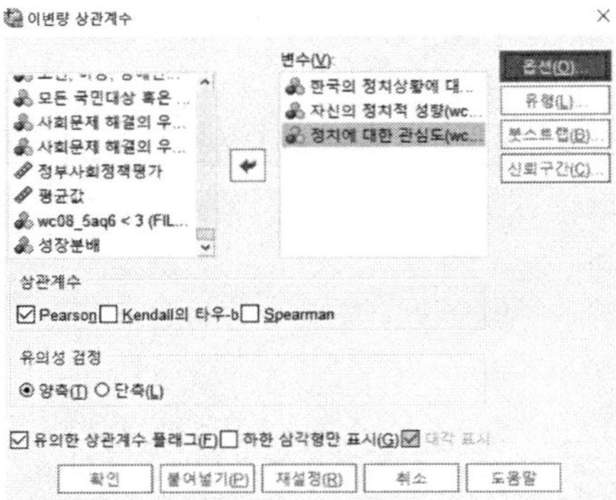

이변량 상관계수 대화상자

다중 상관관계 분석의 절차는 단순 상관관계의 분석 절차와 같습니다. 단지 선택한 변수가 단순 상관관계분석에선 한국의 정치상황에 대한 만족도와 정치 성향 사이의 두가지 변수였다면 다중 상관관계분석에선 여기에다 '정치관심도'를 더해 모두 세 개로 늘어났습니다. 이외에는 별 차이가 없습니다. 따라서 분석절차에 관한 방법은 지면관계상 생략하기로 합니다.

▌다중 상관관계 분석 빠르게 해석하기

1. 기술통계량 이해하기

기술통계량

	평균	표준편차	N
한국의 정치상황에 대한 만족도(wc08_5aq5)	3.82	.957	4184
자신의 정치적 성향(wc08_5aq6)	3.38	1.118	4184
정치에 대한 관심도(wc08_5aq4)	3.49	1.010	4184

이변량 상관계수: 옵션 대화상자에서 선택한 통계분석 내용입니다.

세 변수(한국의 정치상황에 대한 만족도, 정치성향, 정치관심도)에 대한 평균(Mean), 표준편차(Std. Deviation), 사례수(N)를 보여주고 있습니다. 정치관심도는 (3.492/다소 불만족 경향)나타났으면 표준편차는 1.0.10, 사례수는 4184 명입니다.

2. 다중 상관관계의 가설검정

상관관계

		한국의 정치상황에 대한 만족도 (wc08_5aq5)	자신의 정치적 성향 (wc08_5aq6)	정치에 대한 관심도 (wc08_5aq4)
한국의 정치상황에 대한 만족도 (wc08_5aq5)	Pearson 상관	1	-.065**	-.106**
	유의확률 (양측)		<.001	<.001
	N	4184	4184	4184
자신의 정치적 성향 (wc08_5aq6)	Pearson 상관	-.065**	1	.103**
	유의확률 (양측)	<.001		<.001
	N	4184	4184	4184
정치에 대한 관심도 (wc08_5aq4)	Pearson 상관	-.106**	.103**	1
	유의확률 (양측)	<.001	<.001	
	N	4184	4184	4184

**. 상관관계가 0.01 수준에서 유의합니다(양측).

신뢰구간

	Pearson 상관	유의확률 (양측)	95% 신뢰구간(양측)[a]	
			하한	상한
한국의 정치상황에 대한 만족도(wc08_5aq5) - 자신의 정치적 성향(wc08_5aq6)	-.065	<.001	-.095	-.035
한국의 정치상황에 대한 만족도(wc08_5aq5) - 정치에 대한 관심도(wc08_5aq4)	-.106	<.001	-.136	-.076
자신의 정치적 성향(wc08_5aq6) - 정치에 대한 관심도(wc08_5aq4)	.103	<.001	.073	.133

a. 추정은 Fisher의 r-z 변환을 기준으로 수행됩니다.

피어슨 상관계수는 세 변수 간(한국의 정치상황에 대한 만족도, 정치성향, 정치관심도)의 상관관계를 나타내는 계수입니다. 여기에서 한국의 정치상황에 대한 만족도와 정치성향의 상관계수는 0.065(유의도 수준 0.01 기준)이며, 이것은 두 변수 간에 영향을 받는 정도가 전혀 없음을 나타냅니다. 피어슨 상관계수의 가설검정은 유의도 양쪽검정으로 실시합니다. 여기에서 정치관심도의 피어슨 상관계수(0.106)이며, 유의도 0.01 수준에서 통계적으로 유의한 것으로 나타났습니다. 세 변수(한국의 정치상황에 대한 만족도, 정치성향, 정치관심도) 사이에는 전혀 영향을 받지 않는 상관관계라고 해석할 수 있습니다.

무엇이 무엇이 똑같을까?-요인분석

▌유유상종의 의미가 요인분석의 속뜻입니다.

청춘 남녀의 교제를 연결해 주는 '사랑의 스튜디오'라는 모 방송프로그램이 옛날에 있었습니다. 서로 다른 환경 속에서 자란 청춘남녀가 자기가 평소에 생각한 이상형의 상대를 선택합니다. 서로 비슷한 상대라고 생각하여 '사랑의 화살표' 단추를 눌러보지만, 서로가 일치되는 남녀도 있고, 혼자 짝사랑하는 남녀도 발생합니다. 옛말에 유유상종(類類相從)이 말이 있듯이, 연애도 비슷한 사람끼리 해야지 좋은 결과를 맺을 수 있습니다. 이와 마찬가지로 복잡한 사회현상에서 성향이 비슷한 사회내용을 단순하게 묶어주는 통계분석 방법이 있습니다. 바로 요인분석(Factor Analsis)입니다.

요인분석은 비슷한 성향을 가지고 있는 현실사회의 내용을 하나로 묶어 복잡한 사회현상을 단순하게 설명하는 통계분석 방법입니다. 이 방법은 각 변수들의 상관관계를 추적하여 상관관계가 높은 변수끼리 하나의 요인으로 분류합니다. 상관관계가 높다는 것은 각 변수가 서로 동질성이 많이 있고, 응답내용이 비슷하다는 의미입니다. 주로 인간의 심리상태나 삶의 질에 대한 설문항목을 수십 개로 조사한 후 유사한 성향을 가진 항목을 분류할 때 주로 사용합니다.

요인분석의 계산논리

요인분석의 계산논리는 상관계수입니다. 상관계수를 기초로 비슷한 성향의 요인을 추출할 때까지 반복적인 과정을 되풀이합니다. 즉, 상관계수를 계산하여 각 변수들이 어느 정도 상관성과 동질성(Communality)을 가지고 있는지를 파악한다는 의미입니다. 상관성은 각 변수들 사이에 어느 정도 상관관계가 있는지에 대해 상관계수를 통해 계산합니다. 동질성은 바틀렛(Bartlett Test of Sphericity) 가설 검증을 통해서 동질성 여부를 판단합니다. 동질성 여부를 계산하는 값은 카이 제곱값입니다.

요인분석에서 주의할 점은 변수의 상관관계가 모두 높거나, 모두 낮은 경우에는 요인분석으로 사용하기가 부적절합니다. 요인분석은 각 변수들의 상관관계가 각각 달라야 몇 개의 공통요인으로 분류할 수 있기 때문입니다.

요인을 재분류한 후 명칭은 어떻게 정하나요?

변수를 요인으로 재분류한 후 각각의 변수가 어떤 특성을 가지고 있는지를 추적하여 변수의 특성에 맞는 분류의 이름으로 재정의해야 합니다. 새로운 특성에 맞는 변수의 이름을 작명해야한다는 의미입니다. 작명은 분류된 요인의 특성에 맞게 정확하게 정의해야 합니다. 여기에서 조사 담당자의 논리적 사고 능력이 절실히 요구됩니다.

요인분석의 가설검정

요인분석에서 여러 요인이 분류될 가능성을 검정하는 통계값은 바틀렛(Bartlett Test of Sphericity)과 KMO(Kaiser-Meyer-Olkin)검정값입니다. 이 값은 상관계수의 다양성이 공통요인을 가질 수 있는지에 대해 통계적으로 의미가 있는지 분석해주는 검정 통계값입니다.

KMO값은 1에 가까울수록 요인분석의 의미가 높고, 0.5 이하면 요인분석은 성립하지 않습니다. 이 값이 0.60~0.70은 보통관계, 0.70~0.80은 보통수준 이상 관계, 0.80 이상은 강한 관계라고 해석합니다.

▌요인분석 따라 배우기

다음의 설문내용이 어떤 상관성과 동질성을 가지고 있는지 요인분석을 통해 파악하고자 합니다.

실전 예제

귀하는 우리나라 정부가 사회정책과 관련된 다음의 각 정책영역에서 얼마나 잘 하고 있다고 생각하십니까? 혹은 그렇지 않다고 생각하십니까? (※ ㉮~㉶ 항목별로 각각 작성해 주십시오.)					
정부의 사회정책	매우 잘함	잘함	보통	잘못 하는 편	매우 잘못
㉮ 아픈 사람에게 의료서비스를 제공하는 것	①	②	③	④	⑤
㉯ 노인들이 적절한 삶의 질을 유지하도록 하는 것	①	②	③	④	⑤
㉰ 장애인의 불편을 덜기 위한 서비스 제공	①	②	③	④	⑤
㉱ 질 높고 충분한 보육서비스를 제공하는 것	①	②	③	④	⑤
㉲ 빈곤 예방 및 감소	①	②	③	④	⑤
㉳ 실업에 대한 대응	①	②	③	④	⑤
㉴ 성평등 수준을 높이는 것	①	②	③	④	⑤
㉵ 모두가 위생적이고 적절한 주택에서 거주할 수 있도록 하는 것	①	②	③	④	⑤
㉶ 인재 육성을 위한 학교교육	①	②	③	④	⑤

'Koweps_wc08_2013_beta10.sav'파일에 있는 변수명은 'wc08_31'~'wc08_39'입니다

한글 SPSS의 분석(A) 메뉴

1. 'Koweps_wc08_2013_beta10.sav' 파일을 불러온 상태에서 시작하겠습니다. 한글 SPSS 데이터 편집기 창 메뉴에서 [**분석(A)**] →**자원축소(D)**→**요인분석(F)...**를 선택하세요.

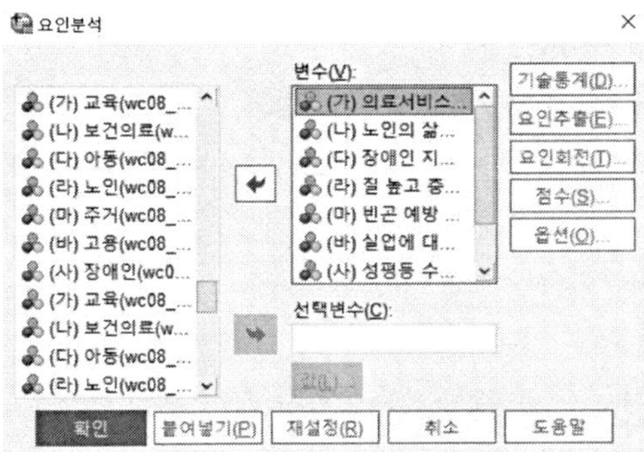

요인분석 대화상자

2. 요인분석 대화상자가 열리면 분석하고자 변수(**'wc08_31'**~**'wc08_39'**)를 마우스로 클릭하여 변수(V)난으로 이동시킵니다. 그리고 〈기술통계(D)...〉단추를 눌러주세요.

3. 요인분석 : 기술통계 대화상자가 열립니다. 다음과 같이 옵션을 선택하고 〈계속〉 단추를 눌러주면 요인분석 대화상자가 다시 열립니다.
   ① 통계량 : 기술 통계량의 형식을 지정합니다.
      ☐ 초기해법(I): 초기 공통성, 고유값, 분산의 퍼센트를 표시합니다.
   ② 상관행렬: 상관계수의 계산형식을 지정합니다.
      ☐ 상관계수(C): 요인분석시 상관계수를 계산합니다.
      ☐ KMO와 Bartlett의 구형성 검정: 요인분석의 가설검정 통계값

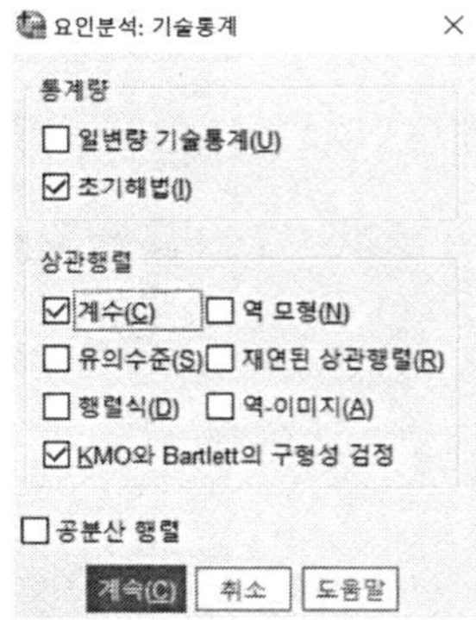

요인분석: 기술통계 대화상자

4. 요인분석 대화상자에서 〈요인추출(E)...〉를 선택하세요. 요인분석 :요인추출 대화상자가 열립니다. 다음과 같이 옵션을 선택하고 〈계속〉을 눌러주면 요인분석 대화상자 다시 열립니다.

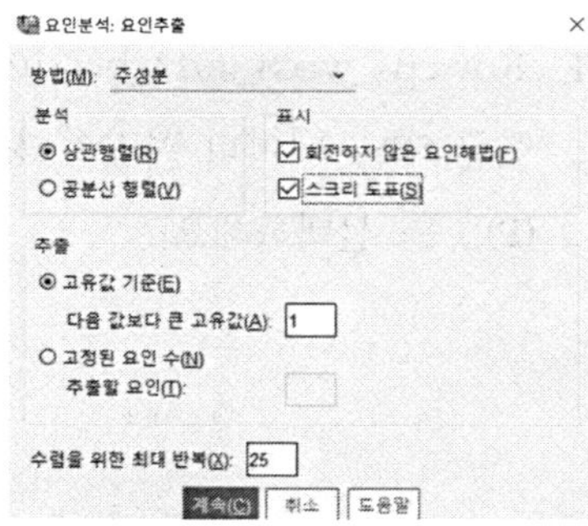

요인분석: 요인회전 대화상자

   ① 방법(M): 요인분석 추출방법을 지정합니다.
      주성분: 초기요인 해법을 구할 수 있으며 상관관계 분석을 사용할 때 사용합니다.
   ② 분석
      ☐ 상관행렬(R): 상관관계 분석을 합니다.
   ③ 표시
      ☐ 회전하지 않은 요인해법(F): 회전하지 않은 요인 적재값, 공통성, 고유값 등을 표시합니다.
      ☐ 스크리 도표(S): 스크리 도표가 표시됩니다.
   ④ 추출
      고유값 기준(E): 1 고유값 1보다 큰 요인을 추출합니다.

5. 요인분석 대화상자에서 〈요인회전(R)...〉를 선택하세요. 요인분석 : 요인회전 대화상자가 열립니다. 다음과 같이 옵션을 선택하고 〈계속〉을 눌러주면 요인분석 대화상자 다시 열립니다.

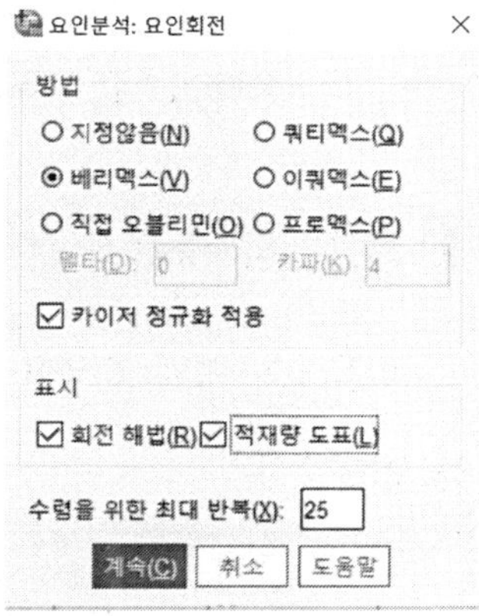

요인분석: 요인추출 대화상자

① 방법

○ 베리멕스(V) : 각 요인의 적재값이 높은 변수의 수를 최소화하는 직교회전 방법입니다.

□ 카이저 정규화적용

② 표시

□ 회전해법(R): 상직교회전에 대한 패턴, 구조, 요인 상관행렬을 표시합니다.

□ 적재값 도표(L): 각 요인별에 따라 3차원 적재값 도표를 표시합니다.

6. 요인분석 대화상자에서 〈요인점수(S)...〉를 선택하세요. 요인분석 :요인점수 대화상자가 열립니다. 다음과 같이 옵션을 선택하고 〈계속〉을 눌러주면 요인분석 대화상자 다시 열립니다.

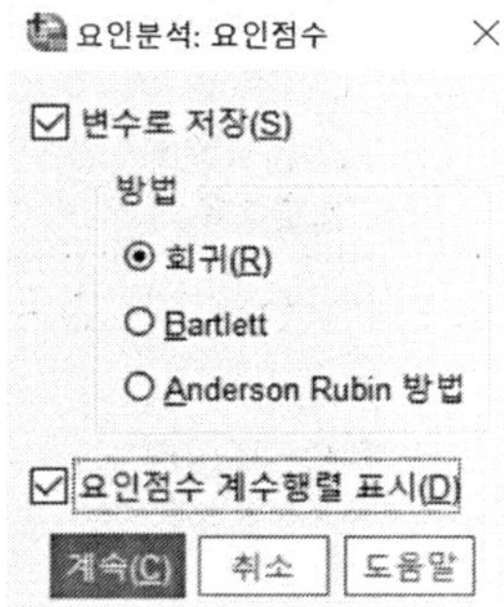

요인분석 : 옵션 대화상자

① □ 변수로 저장(S) : 요인점수를 변수로 저장합니다.

② 방법

○ 회귀분석(R) : 요인점수를 회귀분석으로 추정합니다.

③ □ 요인점수 계수출력 출력(D): 요인점수 계수 행렬을 표시합니다.

7. 요인분석 대화상자에서 〈옵션(O)...〉를 선택하세요. 요인분석 : 옵션 대화상자가 열립니다. 다음과 같이 옵션을 선택하고 〈계속〉을 눌러주면 요인분석 대화상자 다시 열립니다.

그리고 〈확인〉단추를 눌러주면 출력결과 항해사 창에 요인분석의 결과가 나타납니다.

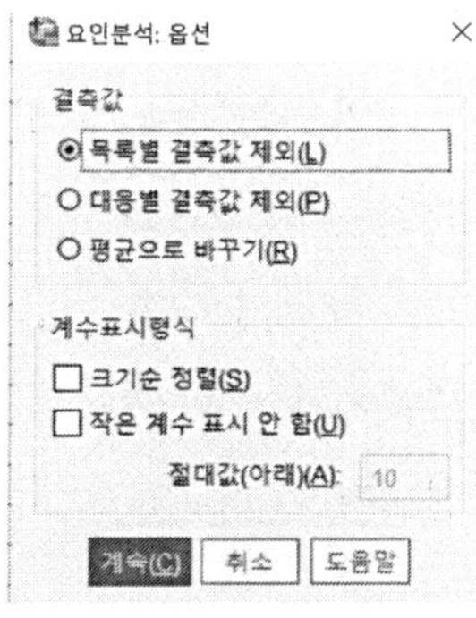

요인분석 : 요인점수 대화상자

① 결측값

○ 목록별 결측값 제외(L) : 결측값이 있는 변수는 제외시켜 요인분석을 실시합니다.

▌요인분석 빠르게 해석하기

1. 상관계수 행렬 파악하기

상관행렬

		(가) 의료서비스 제공	(나) 노인의 삶의 질 유지	(다) 장애인 지원 서비스	(라) 질높고 충분한 보육 서비스 제공	(마) 빈곤 예방 및 감소	(바) 실업에 대한 대응	(사) 성평등 수준을 높이는 것	(아) 위생적이고 적절한 주택에 서거주	(자) 인재 육성을 위한 학교 교육
상관관계	(다) 장애인 지원 서비스	.381	.573	1.000	.490	.466	.358	.340	.346	.326
	(자) 인재 육성을 위한 학교교육	.223	.267	.326	.371	.355	.377	.327	.378	1.000

상관계수 행렬표가 많은 관계로 한 행렬만 나타낸 것입니다.

변수명 'wc08_31'~'wc08_39' 사이의 상관계수를 살펴보면 모두 0.3 이상으로서 보통의 관계에 있다고 해석할 수 있습니다. 변수 '장애인지원 서비스'와 '노인의 삶의 질 유지의 상관계수는 0.573으로 비교적 상관관계가 높게 나타나 있습니다.

그리고 변수 (가) 의료서비스 제공, (나) 노인의 삶의 질 유지, (다) 장애인 지원 서비스, (라) 질 높고 충분한 보육서비스 제공, (마) 빈곤 예방 및 감소, (바) 실업에 대한 대응, (사) 성평등 수준을 높이는 것, (아) 위생적이고 적절한 주택에서거주, (자) 인재 육성을 위한 학교교육 변수 등의 상관계수는 0.3 이상입니다.

2. 요인분석의 검정 통계값 이해하기

KMO와 Bartlett의 검정

표본 적절성의 Kaiser-Meyer-Olkin 측도.		.879
Bartlett의 구형성 검정	근사 카이제곱	11147.096
	자유도	36
	유의확률	<.001

요인분석: 기술통계 대화상자에서 선택한 통계분석 내용입니다.

상관계수의 다양성이 공통요인을 가질 수 있는지에 검정하는 통계값입니다. KMO검정값이 0.8979로 1에 가깝기 때문에 요인분석을 해도 무리가 없다고 해석할 수 있습니다.

또한 바틀렛(Bartlett)의 유의 확률을 살펴보면 0.01로 0.05보다 작기 때문에 문11a에서 **'wc08_31'**~**'wc08_39'**까지의 변수를 가지고 요인분석을 해도 통계적으로 유의미하다고 해석할 수 있습니다. 만약에 KMO검정값이 0.5 이하이고, 바틀렛(Bartlett)의 유의 확률이 0.05보다 크면 요인분석이 부적절하다고 해석합니다.

3. 공통성 추출 파악하기

공통성

	초기	추출
(가) 의료서비스 제공	1.000	.603
(나) 노인의 삶의 질 유지	1.000	.736
(다) 장애인 지원 서비스	1.000	.607
(라) 질 높고 충분한 보육서비스 제공	1.000	.518
(마) 빈곤 예방 및 감소	1.000	.568
(바) 실업에 대한 대응	1.000	.583
(사) 성평등 수준을 높이는 것	1.000	.423

(아) 위생적이고 적절한 주택에서 거주	1.000	.463
(자) 인재 육성을 위한 학교교육	1.000	.493

추출 방법: 주성분 분석.

요인분석: 요인추출 대화상자에서 선택한 통계분석 내용입니다.

공통성은 각 요인들의 분류에 따라서 각 변수들이 설명되는 비율을 나타내고 있습니다.

4. 각 변수들의 공분산 및 요인별 고유값 파악하기

설명된 총분산

성분	초기 고유값			추출 제곱합 적재량			회전 제곱합 적재량		
	전체	% 분산	누적 %	전체	% 분산	누적 %	전체	% 분산	누적 %
1	3.942	43.805	43.805	3.942	43.805	43.805	2.629	29.214	29.214
2	1.053	11.695	55.501	1.053	11.695	55.501	2.366	26.286	55.501
3	.753	8.370	63.871						
4	.677	7.523	71.394						
5	.651	7.231	78.625						
6	.591	6.568	85.194						
7	.528	5.872	91.065						
8	.419	4.658	95.723						
9	.385	4.277	100.000						

추출 방법: 주성분 분석.

요인분석: 요인추출 대화상자에서 선택한 통계분석 내용입니다.

위의 표에 있는 고유값은 검출할 요인의 수를 결정하는 데 중요한 역할을 하는 통계값 입니다. 고유값을 합하면 요인분석에 사용된 변수의 수(9개)와 같습니다. 고유값이 1 이상일 때까지 요인을 검출합니다. 제1요인과 제2요인은 모두 1 이상이지만 나머지는 1 이하입니다. 따라서 고유값의 분석에 따라 2개의 요인이 검출되었다는 것을 알 수 있습니다.

5. 스크리 도표 바라보기

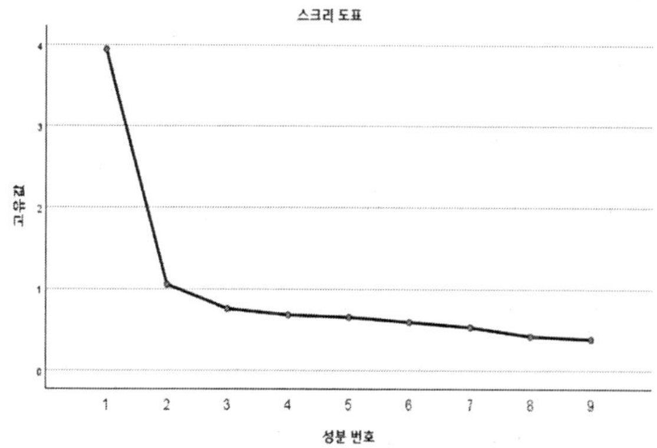

요인분석: 요인추출 대화상자에서 선택한 통계분석 내용입니다.

고유값을 변화를 알려주는 그래프입니다. 가로축에는 요인의 수이며, 세로축에는 개별 요인의 고유값입니다. 위의 그래프를 살펴보면 제2요인과 제3요인 사이에서 그래프 선이 급격히 하강하는 것을 알 수 있습니다.

이것은 제3요인부터 요인으로서 의미가 없다는 것을 보여주고 요인이 2개로 분석된 것을 시각적으로 알 수 있습니다.

6. 회전전의 성분행렬 이해하기

성분행렬[a]

	성분	
	1	2
(가) 의료서비스 제공	.594	-.500
(나) 노인의 삶의 질 유지	.697	-.501
(다) 장애인 지원 서비스	.734	-.261
(라) 질 높고 충분한 보육서비스 제공	.709	-.123
(마) 빈곤 예방 및 감소	.734	.171
(바) 실업에 대한 대응	.644	.410

(사) 성평등 수준을 높이는 것	.585	.284
(아) 위생적이고 적절한 주택에서 거주	.640	.232
(자) 인재 육성을 위한 학교교육	.597	.369

추출 방법: 주성분 분석.
a. 추출된 2 성분

요인분석: 요인회전 대화상자에서 선택한 통계분석 내용입니다.

위의 표는 제1요인과 제2요인이 해당변수에 미치는 영향을 표시한 계수입니다. 예를 들면, '의료서비스 제공' 변수는 제1요인 0.594, 제2요인에는 -0.500로 나타났습니다. 즉, "의료서비스 제공' 변수는 제1요인과 밀접한 관계가 있다고 해석할 수 있습니다.

7. 회전된 성분행렬 이해하기

회전된 성분행렬[a]

	성분	
	1	2
(가) 의료서비스 제공	.101	.770
(나) 노인의 삶의 질 유지	.177	.840
(다) 장애인 지원 서비스	.366	.688
(라) 질 높고 충분한 보육서비스 제공	.441	.569
(마) 빈곤 예방 및 감소	.657	.368
(바) 실업에 대한 대응	.752	.132
(사) 성평등 수준을 높이는 것	.624	.184
(아) 위생적이고 적절한 주택에서 거주	.629	.260
(자) 인재 육성을 위한 학교교육	.690	.130

추출 방법: 주성분 분석.
회전 방법: 카이저 정규화가 있는 베리멕스.
a. 3 반복계산에서 요인회전이 수렴되었습니다.

요인분석: 요인회전 대화상자에서 선택한 통계분석 내용입니다.

위의 표는 요인분석을 통해 어떤 변수가 어느 요인에 가까운지를 최종적으로 판별합니다. 이 판별에 사용된 통계값은 회전된 성분행렬 계수입니다. 성분행렬 계수를 기준으로 살펴보면 변수 (가) 의료서비스 제공, (나) 노인의 삶의 질 유지, (다) 장애인 지원 서비스, (라) 질 높고 충분한 보육서비스 제공, (마) 빈곤 예방 및 감소 변수는 제1요인에서 모두 5.6값 이상의 공통성을 보이고 있습니다. 그리고 (바) 실업에 대한 대응, (사) 성평등 수준을 높이는 것, (아) 위생적이고 적절한 주택에서거주, (자) 인재 육성을 위한 학교교육 변수는 제2요인에서 모두 6.0값 이상의 공통성을 보이고 있습니다.

요인분석보다 더 중요한 것은?

위의 요인분석 결과 설문 내용의 구분과 똑같이 요인을 구분하였습니다. 요인분석은 설문 내용이 비슷한 성향을 가진 요인끼리 묶어주는 통계분석 기법입니다. 그러나 설문지를 작성할 때 과학성과 객관성을 제대로만 유지하면 굳이 요인분석을 하지 않아도 비슷한 설문 내용을 논리적으로 구성할 수도 있습니다. 설문지 작성의 과학성과 객관성을 유지하기 위해서 요인분석을 잘 활용하면, 비표본오차없는 설문을 작성할 수 있습니다.

8. 성분변환 행렬 이해하기

성분 변환행렬

성분	1	2
1	.739	.674
2	.674	-.739

추출 방법: 주성분 분석.
회전 방법: 카이저 정규화가 있는 베리멕스.

변환 행렬값이 나타나 있습니다.

9. 회전공간의 성분도표

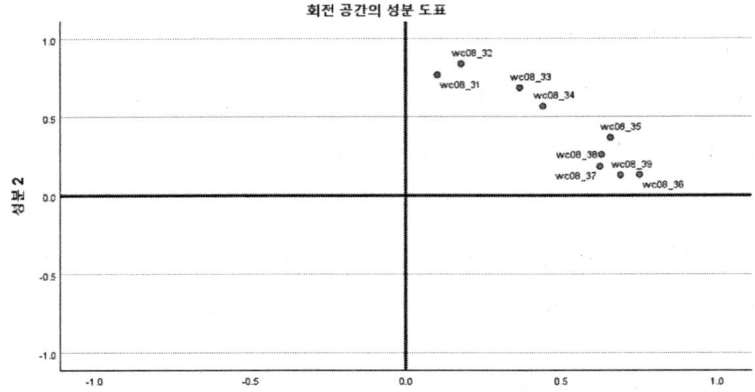

요인이 2개로 구성되어 있고, 각 변수의 공간 위상을 표시하고 있습니다. (가) 의료서비스 제공, (나) 노인의 삶의 질 유지, (다) 장애인 지원 서비스, (라) 질 높고 충분한 보육서비스 제공, (마) 빈곤 예방 및 감소 변수는 제1요인으로 분류되었고, (바) 실업에 대한 대응, (사) 성평등 수준을 높이는 것, (아) 위생적이고 적절한 주택에서거주, (자) 인재 육성을 위한 학교교육 변수는 제2요인으로 각각 분류된 그래프를 볼 수 있습니다.

10. 성분점수 계수와 공분산 행렬 이해하기

성분점수 계수행렬

	성분	
	1	2
(가) 의료서비스 제공	-.209	.453
(나) 노인의 삶의 질 유지	-.190	.470
(다) 장애인 지원 서비스	-.030	.309
(라) 질 높고 충분한 보육서비스 제공	.054	.208
(마) 빈곤 예방 및 감소	.247	.005
(바) 실업에 대한 대응	.383	-.177

(사) 성평등 수준을 높이는 것	.292	-.100
(아) 위생적이고 적절한 주택에서 거주	.269	-.054
(자) 인재 육성을 위한 학교교육	.349	-.157

추출 방법: 주성분 분석.
회전 방법: 카이저 정규화가 있는 베리멕스.
요인 점수.

성분점수 공분산 행렬

성분	1	2
1	1.000	.000
2	.000	1.000

추출 방법: 주성분 분석.
회전 방법: 카이저 정규화가 있는 베리멕스.
요인 점수.

각 요인별로의 요인점수와 성분점수 공분산을 나타내고 있습니다. 이 값은 다른 큰 의미를 가지지 않는 내용이므로 굳이 해석할 필요는 없습니다.

신뢰의 정도를 파악하는 신뢰도 분석

▮ 관포지교의 속뜻은 신뢰

관중(管仲)과 포숙아(鮑叔牙) 사이와 같은 신뢰 있는 두터운 친구 우정을 '관포지교(管鮑之交)'라는 고사성어로 표현합니다. 포숙아의 두터운 우정의 지원으로 성공한 관중은 그의 우정을 다음과 같이 표현하였습니다.

"나는 젊어서 포숙아와 장사를 할 때 늘 이익금을 더 많이 차지했었으나 그는 나를 욕심쟁이라 하지 않았다. 내가 가난하다는 것을 알고 있었기 때문이다. … 나는 싸움터에서도 도망친 적이 한두 번 아니었지만 나를 겁쟁이라고 말하지 않았다. 내게 노모가 계시다는 것을 알고 있었기 때문이다. 아무튼 '나를 낳아준 분은 부모이지만 나를 알아준 사람은 포숙아이다'라고 했습니다. 이처럼 신뢰는 인간사의 중요한 가치 기준 중 하나입니다.

사회현상에서도 이와 같은 신뢰도를 분석도구로 사용하는 통계분석 방법이 있습니다. 바로 신뢰도 분석(Reliability Analysis)입니다. 신뢰도 분석은 어떤 설문 내용을 일정한 시간을 두고 계속적으로 조사할 경우 비슷한 응답결과가 계속적으로 나오는지를 파악하는 분석 방법입니다. 이 분석의 기본이 되는 통계값은 평균과 표준편차, 상관계수이며, 이를 기초로 크롬바하 알파값(a)을 계산하여 각 설문문항의 신뢰도를 파악합니다. 신뢰도 분석의 핵심은 크롬바하 알파값(a)입니다. 계산 공식은 다음과 같습니다.

신뢰도 분석 a값 공식

$$a = \frac{kr}{(1+(k-1)r}$$

- k= 항목의 수
- r= k 항목에 대한 평균 상관계수

주로 인간들의 심리상태나 각종 만족도, 삶의 질을 측정하는 설문내용에 주로 사용하며, 두 변수 사이의 관계가 어느 정도 응집력이 강한지를 파악하는데도 사용합니다. 신뢰도 분석은 앞에서 배운 요인분석과 연결시켜 이용할 수 있는 통계분석입니다.

▌신뢰도

조사 연구의 과학성을 평가하는 기준은 신뢰도입니다. 신뢰도는 둘 이상의 조사 담당자가 각기 조사연구를 실시하여도 동일한 결과를 얻을 수 있는 정도를 말합니다. 조사연구 결과가 신뢰성이 있다는 것은 그 결과가 안정성 있고 믿을 만하며 그 결과가 예측 가능성이 높다는 의미입니다. 신뢰도를 측정하는 데 에는 재 조사법, 복수 양식법, 반분법 등이 있습니다.

재조사법(Test-Retest)은 동일한 대상에 두 번 적용하여 조사결과를 상관관계 분석방법으로 비교하는 것이고, 복수 양식법(Multiple Form)은 동일한 기준 또는 측정방법의 형식을 달리하여 동일한 대상에 조사한 결과를 비교하는 것입니다. 반분법(Split Half)은 측정방법을 무작위로 추출한 대상에 둘로 나누어 적용하여 그 결과를 비교하는 조사 방법입니다.

타당성

조사 연구를 진행할 때 측정의 타당성과 신뢰도가 있어야 합니다. 타당성은 측정수단의 척도가 어느 정도 타당성 있게 측정해 줄 수 있는 정도를 말합니다. 예를 들어 정치 지도자의 보수성을 조사 연구로 파악하고자 할 때 어느 정도의 타당성을 갖는 설문을 작성하느냐의 문제가 바로 측정의 타당성 문제입니다. 척도의 타당성을 파악하는 방법에는 내용타당도, 예측타당도, 공인타당도, 구성타당도가 있습니다. 내용 타당도(Content Validity)는 설문을 작성할 때 측정하는 개념이 현실적으로 논리적인 내용을 담고 있는가를 판단합니다. 조사 담당자의 주관성이 개입됩니다(예 삶의 만족도 측정= 행복지수로 측정).

예측 타당도(Predictive Validity)는 설문내용을 측정한 결과가 장래의 상황을 얼마나 예측 가능한가를 판단합니다. 그리고 공인 타당도(Concurrent Validity)는 설문내용을 측정한 결과 현재의 기준과 측정상황을 서로 비교하여 상관성을 통하여 타당도를 판단합니다(예 삶의 만족도 측정=1998년 저축액수와 1999년 저축액수 비교). 끝으로 구성 타당도(Construct Validity)는 어떤 중요 요인이 설문내용에 중요한 효과를 미친다고 판단하면 실제 조사에서 그 요인을 적용하여 그 영향을 검토하는 방법입니다.

▌신뢰도 분석 따라 배우기

사회정책에 관한 설문 내용 변수가 동일한 개념을 가진 설문 내용인지를 신뢰도 분석을 통해 파악하고자 합니다.

실전 예제

귀하는 우리나라 정부가 사회정책과 관련된 다음의 각 정책영역에서 얼마나 잘 하고 있다고 생각하십니까? 혹은 그렇지 않다고 생각하십니까?
(※ ㉮~㉶ 항목별로 각각 작성해 주십시오)

정부의 사회정책	매우잘함	잘함	보통	잘못 하는편	매우 잘못
㉮ 아픈 사람에게 의료서비스를 제공하는 것	①	②	③	④	⑤
㉯ 노인들이 적절한 삶의 질을 유지하도록 하는 것	①	②	③	④	⑤
㉰ 장애인의 불편을 덜기 위한 서비스 제공	①	②	③	④	⑤
㉱ 질 높고 충분한 보육서비스를 제공하는 것	①	②	③	④	⑤
㉲ 빈곤 예방 및 감소	①	②	③	④	⑤
㉳ 실업에 대한 대응	①	②	③	④	⑤
㉴ 성평등 수준을 높이는 것	①	②	③	④	⑤
㉵ 모두가 위생적이고 적절한 주택에서 거주할 수 있도록 하는 것	①	②	③	④	⑤
㉶ 인재 육성을 위한 학교교육	①	②	③	④	⑤

'Koweps_wc08_2013_beta10.sav'파일에 있는 변수명은 'wc08_31'~'wc08_39'입니다.

한글 SPSS의 분석(A) 메뉴

1. "'Koweps_wc08_2013_beta10.sav' 파일을 불러온 상태에서 시작하겠습니다. 한글 SPSS 데이터 편집기 창 메뉴에서 [**분석(A)**] →**척도 분석(A)**→**신뢰도 분석(R)...**를 선택하세요.

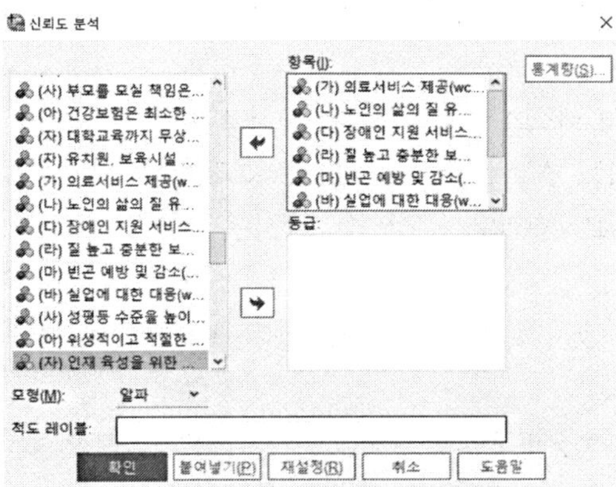

문항설명 표시(L)난에 클릭하세요

2. 신뢰도 분석 대화상자가 열리면 분석하고자 변수(**'wc08_31'**~**'wc08_39'**)를 마우스로 클릭하여 항목(I)난으로 이동시킵니다. 그리고 신뢰성 분석의 방법을 지정하는 모형(M) 난에서 '알파'를 선택하세요. 그런 다음 〈통계량(S)...〉를 눌러주세요.

   ① 모형(M) : 신뢰도 분석의 방법을 결정합니다

   알파: 동일한 개념을 측정하기 위하여 신뢰도를 저해하는 항목을 찾아내어 측정도구에서 제외시켜 신뢰도를 높이는 방법으로 크롬바하 알파(Cronbach's alpha)계수를 이용합니다.

3. 신뢰도 분석 : 통계량 대화상자가 열립니다. 다음과 같이 옵션을 선택하고 〈계속〉을 눌러주면 신뢰도 분석 대화상자가 다시 열립니다. 여기에서 〈확인〉 단추를 눌러주면 출력결과 항해사창에 신뢰도 분석의 결과가 나타납니다.

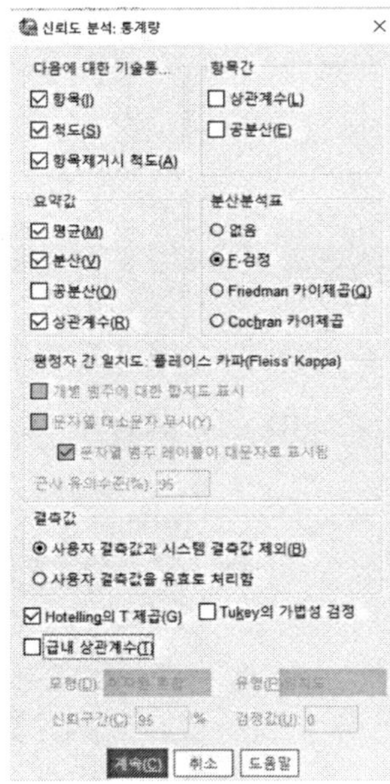

신뢰도분석 : 통계량 대화상자

   ① 다음에 대한 기술통계량

   □ 문항(I) : 항목 평균과 표준편차를 계산합니다.

   □ 척도(S) : 척도 평균과 표준편차, 분산을 계산합니다.

   □ 문항제거시 척도(A) : 분석대상에서 하나의 변수가 제외될 경우 나머지 구성되는 스케일의 통계량을 표시합니다.

   ② 요약값

   □ 평균(M) : 해당항목의 평균에 대한 통계량을 계산합니다.

   □ 분산(V) : 해당항목의 분산에 대한 통계량을 계산합니다.

   □ 상관관계(R) : 해당항목의 상관관계를 분석합니다.

   ③ Hotelling의 T-제곱(H) : 모든 항목들의 평균이 동일하다는 가정하에서 Hotelling's T 제곱검정을 실시합니다.

   ④ 분산분석표

   ◉ F- 검정(F) : 분산분석표를 계산하고 F값으로 유의 확률을 검정합니다.

신뢰성 분석 결과 빠르게 해석하기

1. 기술 통계량 이해하기

항목 통계량

	평균	표준편차	N
(가) 의료서비스	2.46	.791	4184
(나) 노인의 삶의 질 유지	2.57	.837	4184
(다) 장애인 지원 서비스	2.89	.934	4184
(라) 질 높고 충분한 보육서비스 제공	2.78	.832	4184
(마) 빈곤 예방 및 감소	3.21	.891	4184
(바) 실업에 대한 대응	3.39	.866	4184
(사) 성평등 수준을 높이는 것	2.89	.813	4184
(아) 위생적이고 적절한 주택에서 거주	2.95	.824	4184
(자) 인재 육성을 위한 학교교육	3.09	.873	4184

신뢰도 분석 대상인 변수 이름과 각 변수의 평균, 표준편차, 각 변수의 분석 사례수에 대한 기술 통계량을 나타내고 있습니다. 9개의 변수를 하나의 공통적인 인자로 가정하여 9개의 개별 변수를 하나의 변수로 보고 평균과 표준편차를 계산하였습니다.

요약 항목 통계량

	평균	최소값	최대값	범위	최대값/최소값	분산	항목 수
항목 평균	2.914	2.463	3.385	.922	1.374	.085	9
항목 분산	.726	.625	.873	.248	1.396	.006	9
항목간 상관관계	.365	.223	.573	.349	2.566	.007	9

인자에 속해 있는 변수 전체의 평균, 최소값, 최대값, 분산, 항목수를 표시하고 있습니다.

2. 크론바하 알파값(a) 해석

신뢰도 통계량

Cronbach의 알파	표준화된 항목의 Cronbach의 알파	항목 수
.839	.838	9

신뢰도 분석에서 가장 중요한 통계값은 크론바하 알파값(a)입니다. 이 값은 9개 변수를 하나의 가상변수로 볼 경우 9개 변수 사이의 응집력이 어느 정도를 파악해주는 통계값입니다. 보통 0.70 이상이면 강한 응집력을 갖는다고 해석하고, 0.3 이하이면 약하다고 할 수 있으며 중간이면 보통이라고 해석할 수 있습니다. 위의 표에 있는 크론바하 알파값(a)은 0.89로 변수 간에 강한 응집력을 갖는 것이라고 해석할 수 있습니다. 사회정책 변수는 0.89로 설문구성의 신뢰도가 통계적으로 높다고 해석할 수 있습니다.

3. 분산분석표와 F값 검정

ANOVA

		제곱합	자유도	평균제곱	F	유의확률
개체 간		11931.488	4183	2.852		
개체 내	항목 간	2841.731	8	355.216	771.511	<.001
	잔차	15407.380	33464	.460		
	전체	18249.111	33472	.545		
전체		30180.599	37655	.802		

총 평균 = 2.91

9개 변수간의 차이 여부를 검정하기 위한 분산분석표입니다. 변수 간의 자유도는 8이며, F값이 771.511입니다. 이것을 유의확률 수준에서 살펴보면 유의확률(0.001)은 0.05보다 작기 때문에 9개 변수 간에 통계적으로 차이가 난다고 해석할 수 있습니다.

Hotelling T 제곱 검정

Hotelling의 T 제곱.	F	자유도1	자유도2	유의확률
4260.489	531.670	8	4176	<.001

Hotelling의 T-제곱(H) 검정은 9개 변수의 평균이 동일한지를 검정하는 통계값입니다. F값이 531.670이고 유의확률 수준(0.001)이 0.05보다 작기 때문에 9개 변수 간에 평균이 동일하지 않다는 해석을 할 수 있습니다.

덧붙이기

각종 통계표

1) 카이자승(X^2) 분포표

한쪽 검정의 유의도 수준						자유도(df)
.10	.05	.025	.01	.005	.0005	
양쪽 검정의 유의도 수준						
.20	.10	.05	.02	.01	.001	
1.64	2.71	3.84	5.41	6.64	10.83	1
3.22	4.60	5.99	7.82	9.21	13.82	2
4.64	6.25	7.82	9.84	11.34	16.27	3
5.99	7.78	9.49	11.67	13.28	18.46	4
7.29	9.24	11.07	13.39	15.09	20.52	5
8.56	10.64	12.59	15.03	16.81	22.46	6
9.80	12.02	14.07	16.62	18.48	24.32	7
11.03	13.36	15.51	18.17	20.09	26.12	8
12.24	14.68	16.92	19.68	21.67	27.88	9
13.44	15.99	18.31	21.16	23.21	29.59	10
14.63	17.28	19.68	22.62	24.72	31.26	11
15.81	18.55	21.03	24.05	26.22	32.91	12
16.98	19.81	22.36	25.47	27.69	34.53	13
18.15	21.06	23.68	26.87	29.14	36.12	14
19.31	22.31	25.00	28.26	30.58	37.70	15
20.46	23.54	26.30	29.63	32.00	39.29	16
21.62	24.77	27.59	31.00	33.41	40.75	17
22.76	25.99	28.87	32.35	34.80	42.31	18
23.90	27.20	30.14	33.69	36.19	43.82	19
25.04	28.41	31.41	35.02	37.57	45.32	20
26.17	29.62	32.67	36.34	38.93	46.80	21
27.30	30.81	33.92	37.66	40.29	48.27	22
28.43	32.01	35.17	38.97	41.64	49.73	23
29.55	33.20	36.42	40.27	42.98	51.18	24
30.68	34.38	37.65	41.57	44.31	52.62	25
31.80	35.56	38.88	42.86	45.64	54.05	26
32.91	36.74	40.11	44.14	46.96	55.48	27
34.03	37.92	41.34	45.42	48.28	56.89	28
35.14	39.09	42.69	46.69	49.59	58.30	29
36.25	40.26	43.77	47.96	50.89	59.70	30

2) T-분포표

자유도(df)	한쪽 검정의 유의도 수준					
	.10	.05	.025	.01	.005	.0005
	양쪽 검정의 유의도 수준					
	.20	.10	.05	.02	.01	.001
1	3.078	6.314	12.706	31.821	63.657	636.619
2	1.886	2.920	4.303	6.965	9.925	31.598
3	1.638	2.353	3.182	4.541	5.841	12.941
4	1.533	2.132	2.776	3.747	4.604	8.610
5	1.476	2.015	2.571	3.365	4.032	6.859
6	1440	1.943	2.447	3.143	3.707	5.959
7	1.415	1.895	2.365	2.998	3.499	5.405
8	1.397	1.860	2.306	2.896	3.355	5.041
9	1.383	1.833	2.262	2.821	3.250	4.781
10	1.372	1.812	2.228	2.764	3.169	4.587
11	1.363	1.796	2.201	2.718	3.106	4.437
12	1.356	1.782	2.179	2.681	3.055	4.318
13	1.350	1.771	2.160	2.650	3.012	4.221
14	1.345	1.761	2.145	2.642	2.977	4.140
15	1.341	1.753	2.131	2.602	2.947	4.073
16	1.337	1.746	2.120	2.583	2.921	4.015
17	1.333	1.740	2.110	2.567	2.898	3.965
18	1.330	1.734	2.101	2.552	2.878	3.922
19	1.328	1.729	2.093	2.539	2.861	3.883
20	1.325	1.725	2.086	2.528	2.845	3.850
21	1.323	1.721	2.080	2.518	2.831	3.819
22	1.321	1.717	2.074	2.508	2.819	3.792
23	1.319	1.714	2.069	2.500	2.807	3.767
24	1.318	1.711	2.064	2.492	2.797	3.745
25	1.316	1.708	2.060	2.485	2.787	3.725
26	1.315	1.706	2.056	2.479	2.779	3.707
27	1.314	1.703	2.052	2.473	2.771	3.690
28	1.313	1.701	2.048	2.467	2.763	3.674
29	1.311	1.699	2.045	2.462	2.756	3.659
30	1.310	1.697	2.042	2.457	2.750	3.646
40	1.303	1.684	2.021	2.423	2.704	3.551
60	1.296	1.671	2.000	2.390	2.660	3.460
120	1.289	1.658	1.980	2.358	2.617	3.373
∞	1.281	1.645	1.960	2.326	2.576	3.291

3) F-분포표

자유도(df^1)												α	자유도 (df^2)
1	2	3	4	5	6	7	8	9	10	11	12		
39.90	49.50	53.60	55.80	57.20	58.20	58.90	59.40	59.90	60.20	60.50	60.70	.10	1
161	200	216	225	230	234	237	239	241	242	243	244	.05	
8.53	9.00	9.16	9.24	9.29	9.33	9.35	9.37	9.38	9.39	9.40	9.41	.10	2
18.50	19.00	19.20	19.20	19.30	19.30	19.40	19.40	19.40	19.40	19.40	19.40	.05	
98.50	99.00	99.20	99.20	99.30	99.30	99.40	99.40	99.40	99.40	99.40	99.40	.01	
5.54	5.46	5.39	5.34	5.31	5.28	5.27	5.25	5.24	5.23	5.22	5.22	.10	3
10.10	9.55	9.28	9.12	9.01	8.94	8.89	8.85	8.81	8.79	8.76	8.74	.05	
34.10	30.80	29.50	28.70	28.20	27.90	27.70	27.50	27.30	27.20	27.10	27.10	.01	
4.54	4.32	4.19	4.11	4.05	4.01	3.98	3.95	3.94	3.92	3.91	3.90	.10	4
7.71	6.94	6.59	6.39	6.26	6.16	6.09	6.04	6.00	5.96	5.94	5.91	.05	
21.20	18.00	16.70	16.00	15.50	15.20	15.00	14.80	14.70	14.50	14.40	14.40	.01	
4.06	3.78	3.62	3.52	3.45	3.40	3.37	3.34	3.32	3.30	3.28	3.27	.10	5
6.61	5.79	5.41	5.19	5.05	4.95	4.88	4.82	4.77	4.74	4.71	4.68	.05	
16.30	13.30	12.10	11.40	11.00	10.70	10.50	10.30	10.20	10.10	9.96	9.89	.01	
3.78	3.46	3.29	3.18	3.11	3.05	3.01	2.98	2.96	2.94	2.92	2.90	.10	6
5.99	5.14	4.76	4.53	4.39	4.28	4.21	4.15	4.10	4.06	4.03	4.00	.05	
13.70	10.90	9.78	9.15	8.75	8.47	8.26	8.10	7.98	7.87	7.79	7.72	.01	
3.59	3.26	3.07	2.96	2.88	2.83	2.78	2.75	2.72	2.70	2.68	2.67	.10	7
5.59	4.74	4.35	4.12	3.97	3.87	3.79	3.73	3.68	3.64	3.60	3.57	.05	
12.20	9.55	8.45	7.85	7.46	7.19	6.99	6.84	6.72	6.62	6.54	6.47	.01	
3.46	3.11	2.92	2.81	2.73	2.67	2.62	2.59	2.56	2.54	2.52	2.50	.10	8
5.32	4.46	4.07	3.84	3.69	3.58	3.50	3.44	3.39	3.35	3.31	3.28	.05	
11.30	8.65	7.59	7.01	6.63	6.37	6.18	6.03	5.91	5.81	5.73	5.67	.01	
3.36	3.01	2.81	2.69	2.61	2.55	2.51	2.47	2.44	2.42	2.40	2.38	.10	9
5.12	4.26	3.86	3.63	3.48	3.37	3.29	3.23	3.18	3.14	3.10	3.07	.05	
10.60	8.02	6.99	6.42	6.06	5.80	5.61	5.47	5.35	5.26	5.18	5.11	.01	
3.29	2.92	2.73	2.61	2.52	2.46	2.41	2.38	2.35	2.32	2.30	2.28	.10	10
4.96	4.10	3.71	3.48	3.33	3.22	3.14	3.07	3.02	2.98	2.94	2.91	.05	
10.00	7.56	6.55	5.99	5.64	5.39	5.20	5.06	4.94	4.85	4.77	4.71	.01	
3.23	2.86	2.66	2.54	2.45	2.39	2.34	2.30	2.27	2.25	2.23	2.21	.10	11
4.84	3.98	3.59	3.36	3.20	3.09	3.01	2.95	2.90	2.85	2.82	2.79	.05	
9.65	7.21	6.22	5.67	5.32	5.07	4.89	4.74	4.63	4.54	4.46	4.40	.01	
3.18	2.81	2.61	2.48	2.39	2.33	2.28	2.24	2.21	2.19	2.17	2.15	.10	12
4.75	3.89	3.49	3.26	3.11	3.00	2.91	2.85	2.80	2.75	2.72	2.69	.05	
9.33	6.93	5.95	5.41	5.06	4.82	4.64	4.50	4.39	4.30	4.22	4.16	.01	
3.14	2.76	2.56	2.43	2.35	2.28	2.23	2.20	2.16	2.14	2.12	2.10	.10	13
4.67	3.81	3.41	3.18	3.03	2.92	2.83	2.77	2.71	2.67	2.63	2.60	.05	
9.07	6.70	5.74	5.21	4.86	4.62	4.44	4.30	4.19	4.10	4.02	3.96	.01	

자유도 (df^2)	α	자유도(df^1)											
		15	20	24	30	40	50	60	100	120	200	500	∞
1	.10	61.20	61.70	62.00	62.30	62.50	62.70	62.80	63.00	63.10	63.20	63.30	63.30
	.05	246	248	249	250	251	252	252	253	253	254	254	254
2	.10	9.42	9.44	9.45	9.46	9.47	9.47	9.47	9.48	9.48	9.49	9.49	9.49
	.05	19.40	19.40	19.50	19.50	19.50	19.50	19.50	19.50	19.50	19.50	19.50	19.50
	.01	99.40	99.40	99.50	99.50	99.50	99.50	99.50	99.50	99.50	99.50	99.50	99.50
3	.10	5.20	5.18	5.18	5.17	5.16	5.15	5.15	5.14	5.14	5.14	5.14	5.13
	.05	8.70	8.66	8.64	8.62	8.59	8.58	8.57	8.55	8.55	8.54	8.53	8.53
	.01	26.90	26.70	26.60	26.50	26.40	26.40	26.30	26.20	26.20	26.20	26.10	26.10
4	.10	3.87	3.84	3.83	3.82	3.80	3.80	3.79	3.78	3.78	3.77	3.76	3.76
	.05	5.86	5.80	5.77	5.75	5.72	5.70	5.69	5.66	5.66	5.65	5.64	5.63
	.01	14.20	14.00	13.90	13.80	13.70	13.70	13.70	13.60	13.60	13.50	13.50	13.50
5	.10	3.24	3.21	3.19	3.17	3.16	3.15	3.14	3.13	3.12	3.12	3.11	3.10
	.05	4.62	4.56	4.53	4.50	4.46	4.44	4.43	4.41	4.40	4.39	4.37	4.36
	.01	9.72	9.55	9.47	9.38	9.29	9.24	9.20	9.13	9.11	9.08	9.04	9.02
6	.10	2.87	2.84	2.82	2.80	2.78	2.77	2.76	2.75	2.74	2.73	2.73	2.72
	.05	3.94	3.87	3.84	3.81	3.77	3.75	3.74	3.71	3.70	3.69	3.68	3.67
	.01	7.56	7.40	7.31	7.23	7.14	7.09	7.06	6.99	6.97	6.93	6.90	6.88
7	.10	2.63	2.59	2.58	2.56	2.54	2.52	2.51	2.50	2.49	2.48	2.48	2.47
	.05	3.51	3.44	3.41	3.38	3.34	3.32	3.30	3.27	3.27	3.25	3.24	3.23
	.01	6.31	6.16	6.07	5.99	5.91	5.86	5.82	5.75	5.74	5.70	5.67	5.65
8	.10	2.46	2.42	2.40	2.38	2.36	2.35	2.34	2.32	2.32	2.31	2.30	2.29
	.05	3.22	3.15	3.12	3.08	3.04	3.02	3.01	2.97	2.97	2.95	2.94	2.93
	.01	5.52	5.36	5.28	5.20	5.12	5.07	5.03	4.96	4.95	4.91	4.88	4.86
9	.10	2.34	2.30	2.28	2.25	2.23	2.22	2.21	2.19	2.18	2.17	2.17	2.16
	.05	3.01	2.94	2.90	2.86	2.83	2.80	2.79	2.76	2.75	2.73	2.72	2.71
	.01	4.96	4.81	4.73	4.65	4.57	4.52	4.48	4.42	4.40	4.36	4.33	4.31
10	.10	2024	2.20	2.18	2.16	2.13	2.12	2.11	2.09	2.08	2.07	2.06	2.06
	.05	2.85	2.77	2.74	2.70	2.66	2.64	2.62	2.59	2.58	2.56	2.55	2.54
	.01	4.56	4.41	4.33	4.25	4.17	4.12	4.08	4.01	4.00	3.96	3.93	3.91
11	.10	2.17	2.12	2.10	2.08	2.05	2.04	2.03	2.00	2.00	1.99	1.98	1.97
	.05	2.72	2.65	2.61	2.57	2.53	2.51	2.49	2.46	2.45	2.43	2.42	2.40
	.01	4.25	4.10	4.02	3.94	3.86	3.81	3.78	3.71	3.69	3.66	3.62	3.60
12	.10	2.10	2.06	2.04	2.01	1.99	1.97	1.96	1.94	1.93	1.92	1.91	1.90
	.05	2.62	2.54	2.51	2.47	2.43	2.40	2.38	2.35	2.34	2.32	2.31	2.30
	.01	4.01	3.86	3.78	3.70	3.62	3.57	3.54	3.47	3.45	3.41	3.38	3.36
13	.10	2.05	2.01	1.98	1.96	1.93	1.92	1.90	1.88	1.88	1.86	1.85	1.85
	.05	2.53	2.46	2.42	2.38	2.34	2.31	2.30	2.26	2.25	2.23	2.22	2.21
	.01	3.82	3.66	3.59	3.51	3.43	3.38	3.34	3.27	3.25	3.22	3.19	3.17

자유도(df^1)												α	자유도 (df^2)
1	2	3	4	5	6	7	8	9	10	11	12		
3.10	2.73	2.52	2.39	2.31	2.24	2.19	2.15	2.12	2.10	2.08	2.05	.10	
4.60	3.74	3.34	3.11	2.96	2.85	2.76	2.70	2.65	2.60	2.57	2.53	.05	14
8.86	6.51	5.56	5.04	4.69	4.46	4.28	4.14	4.03	3.94	3.86	3.80	.01	
3.07	2.70	2.49	2.36	2.27	2.21	2.16	2.12	2.09	2.06	2.04	2.02	.10	
4.54	3.68	3.29	3.06	2.90	2.79	2.71	2.64	2.59	2.54	2.51	2.48	.05	15
8.68	6.36	5.42	4.89	4.56	4.32	4.14	4.00	3.89	3.80	3.73	3.67	.01	
3.05	2.67	2.46	2.33	2.24	2.18	2.13	2.09	2.06	2.03	2.01	1.99	.10	
4.49	3.63	3.24	3.01	2.85	2.74	2.66	2.59	2.54	2.49	2.46	2.42	.05	16
8.53	6.23	5.29	4.77	4.44	4.20	4.03	3.89	3.78	3.69	3.62	3.55	.01	
3.03	2.64	2.44	2.31	2.22	2.15	2.10	2.06	2.03	2.00	1.98	1.96	.10	
4.45	3.59	3.20	2.96	2.81	2.70	2.61	2.55	2.49	2.45	2.41	2.38	.05	17
8.40	6.11	5.18	4.67	4.34	4.10	3.93	3.79	3.68	3.59	3.52	3.46	.01	
3.01	2.62	2.42	2.29	2.20	2.13	2.08	2.04	2.00	1.98	1.96	1.93	.10	
4.41	3.55	3.16	2.93	2.77	2.66	2.58	2.51	2.46	2.41	2.37	2.34	.05	18
8.29	6.01	5.09	4.58	4.25	4.01	3.84	3.71	3.60	3.51	3.43	3.37	.01	
2.99	2.61	2.40	2.27	2.18	2.11	2.06	2.02	1.98	1.96	1.94	1.91	.10	
4.38	3.52	3.13	2.90	2.74	2.63	2.54	2.48	2.42	2.38	2.34	2.31	.05	19
8.18	5.93	5.01	4.50	4.17	3.94	3.77	3.63	3.52	3.43	3.36	3.30	.01	
2.97	2.59	2.38	2.25	2.16	2.09	2.04	2.00	1.96	1.94	1.92	1.89	.10	
4.35	3.49	3.10	2.87	2.71	2.60	2.51	2.45	2.39	2.35	2.31	2.28	.05	20
8.10	5.85	4.94	4.43	4.10	3.87	3.70	3.56	3.46	3.37	3.29	3.23	.01	
2.95	2.56	2.35	2.22	2.13	2.06	2.01	1.97	1.93	1.90	1.88	1.86	.10	
4.30	3.44	3.05	2.82	2.66	2.55	2.46	2.40	2.34	2.30	2.26	2.23	.05	22
7.95	5.72	4.82	4.31	3.99	3.76	3.59	3.45	3.35	3.26	3.18	3.12	.01	
2.93	2.54	2.33	2.19	2.10	2.04	1.98	1.94	1.91	1.88	1.85	1.83	.10	
4.26	3.40	3.01	2.78	2.62	2.51	2.42	2.36	2.30	2.25	2.21	2.18	.05	24
7.82	5.61	4.72	4.22	3.90	3.67	3.50	3.36	3.26	3.17	3.09	3.03	.01	
2.91	2.52	2.31	2.17	2.08	2.01	1.96	1.92	1.88	1.86	1.84	1.81	.10	
4.23	3.37	2.98	2.74	2.59	2.47	2.39	2.32	2.27	2.22	2.18	2.15	.05	26
7.72	5.53	4.64	4.14	3.82	3.59	3.42	3.29	3.18	3.09	3.02	2.96	.01	
2.89	2.50	2.29	2.16	2.06	2.00	1.94	1.90	1.87	1.84	1.81	1.79	.10	
4.20	3.34	2.95	2.71	2.56	2.45	2.36	2.29	2.24	2.19	2.15	2.12	.05	28
7.64	5.45	4.57	4.07	3.75	3.53	3.36	3.23	3.12	3.03	2.96	2.90	.01	
2.88	2.49	2.28	2.14	2.05	1.98	1.93	1.88	1.85	1.82	1.79	1.77	.10	
4.17	3.32	2.92	2.69	2.53	2.42	2.33	2.27	2.21	2.16	2.13	2.09	.05	30
7.56	5.39	4.51	4.02	3.70	3.47	3.30	3.17	3.07	2.98	2.91	2.84	.01	
2.84	2.44	2.23	2.09	2.00	1.93	1.87	1.83	1.79	1.76	1.73	1.71	.10	
4.08	3.23	2.84	2.61	2.45	2.34	2.25	2.18	2.12	2.08	2.04	2.00	.05	40
7.31	5.18	4.31	3.83	3.51	3.29	3.12	2.99	2.89	2.80	2.73	2.66	.01	

자유도 (df²)	α	자유도(df¹)											
		15	20	24	30	40	50	60	100	120	200	500	∞
	.10	2.01	1.96	1.94	1.91	1.89	1.87	1.86	1.83	1.83	1.82	1.80	1.80
14	.05	2.46	2.39	2.35	2.31	2.27	2.24	2.22	2.19	2.18	2.16	2.14	2.13
	.01	3.66	3.51	3.43	3.35	3.27	3.22	3.18	3.11	3.09	3.06	3.03	3.00
	.10	1.97	1.92	1.90	1.87	1.85	1.83	1.82	1.79	1.79	1.77	1.76	1.76
15	.05	2.40	2.33	2.29	2.25	2.20	2.18	2.16	2.12	2.11	2.10	2.08	2.07
	.01	3.52	3.37	3.29	3.21	3.13	3.08	3.05	2.98	2.96	2.92	2.89	2.87
	.10	1.94	1.89	1.87	1.84	1.81	1.79	1.78	1.76	1.75	1.74	1.73	1.72
16	.05	2.35	2.28	2.24	2.19	2.15	2.12	2.11	2.07	2.06	2.04	2.02	2.01
	.01	3.41	3.26	3.18	3.10	3.02	2.97	2.93	2.86	2.84	2.81	2.78	2.75
	.10	1.91	1.86	1.84	1.81	1.78	1.76	1.75	1.73	1.72	1.71	1.69	1.69
17	.05	2.31	2.23	2.19	2.15	2.10	2.08	2.06	2.02	2.01	1.99	1.97	1.96
	.01	3.31	3.16	3.08	3.00	2.92	2.87	2.83	2.76	2.75	2.71	2.68	2.65
	.10	1.89	1.84	1.81	1.78	1.75	1.74	1.72	1.70	1.69	1.68	1.67	1.66
18	.05	2.27	2.19	2.15	2.11	2.06	2.04	2.02	1.98	1.97	1.95	1.93	1.92
	.01	3.23	3.08	3.00	2.92	2.84	2.78	2.75	2.68	2.66	2.62	2.59	2.57
	.10	1.86	1.81	1.79	1.76	1.73	1.71	1.70	1.67	1.67	1.65	1.64	1.63
19	.05	2.23	2.16	2.11	2.07	2.03	2.00	1.98	1.94	1.93	1.91	1.89	1.88
	.01	3.15	3.00	2.92	2.84	2.76	2.71	2.67	2.60	2.58	2.55	2.51	2.49
	.10	1.84	1.79	1.77	1.74	1.71	1.69	1.68	1.65	1.64	1.63	1.62	1.61
20	.05	2.20	2.12	2.08	2.04	1.99	1.97	1.95	1.91	1.90	1.88	1.86	1.84
	.01	3.09	2.94	2.86	2.78	2.69	2.64	2.61	2.54	2.52	2.48	2.44	2.42
	.10	1.81	1.76	1.73	1.70	1.67	1.65	1.64	1.61	1.60	1.59	1.58	1.57
22	.05	2.15	2.07	2.03	1.98	1.94	1.91	1.89	1.85	1.84	1.82	1.80	1.78
	.01	2.98	2.83	2.75	2.67	2.58	2.53	2.50	2.42	2.40	2.36	2.33	2.31
	.10	1.78	1.73	1.70	1.67	1.64	1.62	1.61	1.58	1.57	1.56	1.54	1.53
24	.05	2.11	2.03	1.98	1.94	1.89	1.86	1.84	1.80	1.79	1.77	1.75	1.73
	.01	2.89	2.74	2.66	2.58	2.49	2.44	2.40	2.33	2.31	2.27	2.24	2.21
	.10	1.76	1.71	1.68	1.65	1.61	1.59	1.58	1.55	1.54	1.53	1.51	1.50
26	.05	2.07	1.99	1.95	1.90	1.85	1.82	1.80	1.76	1.75	1.73	1.71	1.69
	.01	2.81	2.66	2.58	2.50	2.42	2.36	2.33	2.25	2.23	2.19	2.16	2.13
	.10	1.74	1.69	1.66	1.63	1.59	1.57	1.56	1.53	1.52	1.50	1.49	1.48
28	.05	2.04	1.96	1.91	1.87	1.82	1.79	1.77	1.73	1.71	1.69	1.67	1.65
	.01	2.75	2.60	2.52	2.44	2.35	2.30	2.26	2.19	2.17	2.13	2.09	2.06
	.10	1.72	1.67	1.64	1.61	1.57	1.55	1.54	1.51	1.50	1.48	1.47	1.46
30	.05	2.01	1.93	1.89	1.84	1.79	1.76	1.74	1.70	1.68	1.66	1.64	1.62
	.01	2.70	2.55	2.47	2.39	2.30	2.25	2.21	2.13	2.11	2.07	2.03	2.01
	.10	1.66	1.61	1.57	1.54	1.51	1.48	1.47	1.43	1.42	1.41	1.39	1.38
40	.05	1.92	1.84	1.79	1.74	1.69	1.66	1.64	1.59	1.58	1.55	1.53	1.51
	.01	2.52	2.37	2.29	2.20	2.11	2.06	2.02	1.94	1.92	1.87	1.83	1.80

자유도(df^1)												α	자유도(df^2)
1	2	3	4	5	6	7	8	9	10	11	12		
2.79	2.39	2.18	2.04	1.95	1.87	1.82	1.77	1.74	1.71	1.68	1.66	.10	
4.00	3.15	2.76	2.53	2.37	2.25	2.17	2.10	2.04	1.99	1.95	1.92	.05	60
7.08	4.98	4.13	3.65	3.34	3.12	2.95	2.82	2.72	2.63	2.56	2.50	.01	
2.75	2.35	2.13	1.99	1.90	1.82	1.77	1.72	1.68	1.65	1.62	1.60	.10	
3.92	3.07	2.68	2.45	2.29	2.17	2.09	2.02	1.96	1.91	1.87	1.83	.05	120
6.85	4.79	3.95	3.48	3.17	2.96	2.79	2.66	2.56	2.47	2.40	2.34	.01	
2.73	2.33	2.11	1.97	1.88	1.80	1.75	1.70	1.66	1.63	1.60	1.57	.10	
3.89	3.04	2.65	2.42	2.26	2.14	2.06	1.98	1.93	1.88	1.84	1.80	.05	200
6.76	4.71	3.88	3.41	3.11	2.89	2.73	2.60	2.50	2.41	2.34	2.37	.01	
2.71	2.30	2.08	1.94	1.85	1.77	1.72	1.67	1.63	1.60	1.57	1.55	.10	
3.84	3.00	2.60	2.37	2.21	2.10	2.01	1.94	1.88	1.83	1.79	1.75	.05	∞
6.63	4.61	3.78	3.32	3.02	2.80	2.64	2.51	2.41	2.32	2.25	2.18	.01	

자유도(df^1)												α	자유도(df^2)
15	20	24	30	40	50	60	100	120	200	500	∞		
1.60	1.54	1.51	1.48	1.44	1.41	1.40	1.36	1.35	1.33	1.31	1.29	.10	
1.84	1.75	1.70	1.62	1.59	1.56	1.53	1.48	1.47	1.44	1.41	1.39	.05	60
2.35	2.20	2.12	2.03	1.94	1.88	1.84	1.75	1.73	1.68	1.63	1.60	.01	
1.55	1.48	1.45	1.41	1.37	1.34	1.32	1.27	1.26	1.24	1.21	1.19	.10	
1.75	1.66	1.61	1.55	1.50	1.46	1.43	1.37	1.35	1.32	1.28	1.25	.05	120
2.19	2.03	1.95	1.86	1.76	1.70	1.66	1.56	1.53	1.48	1.42	1.38	.01	
1.52	1.46	1.42	1.38	1.34	1.31	1.28	1.24	1.22	1.20	1.17	1.14	.10	
1.72	1.62	1.57	1.52	1.46	1.41	1.39	1.32	1.29	1.26	1.22	1.19	.05	200
2.13	1.97	1.89	1.79	1.69	1.63	1.58	1.48	1.44	1.39	1.33	1.28	.01	
1.49	1.42	1.38	1.34	1.30	1.26	1.24	1.18	1.17	1.13	1.08	1.00	.10	
1.67	1.57	1.52	1.46	1.39	1.35	1.32	1.24	1.22	1.17	1.11	1.00	.05	∞
2.04	1.88	1.79	1.70	1.59	1.52	1.47	1.36	1.32	1.25	1.15	1.00	.01	

저/자/소/개

■ **백창환**

대구대학교 사회복지대학원 사회복지학석사
대구대학교 대학원 사회복지박사과정 수료
현 수성대학교 사회복지과 교수

[저서]
지역사회복지론, 사회복지조사론, 여론조사 핸드북

[논문]
사회복지직 공무원의 직무스트레스, 외상후스트레스가 우울에 미치는 영향 외 다수

SPSS를 활용한 중급 통계분석

|저자| 백창환

|1판 1쇄| 발행 2025년 2월 20일

|발행인| 김동훈
|발행처| 공동체

|주소| 경기도 고양시 일산동구 호수로 358-39, 동문타워 1차 905호(백석동)
|전화| 031)814-3000(대표)
|팩스| 031)814-3100
|홈페이지| http://www.compub.co.kr
|전자우편| compub@naver.com
|출판등록| 2005년 10월 6일
|등록번호| 제396-2005-36호

|ISBN| 979-11-6725-869-4
정가 10,000원